Über die Lehre des Spinoza

스피노자 학설

KB213729

지식을만드는지식 천줄읽기

Über die Lehre des Spinoza
스피노자 학설

프리드리히 야코비(Friedrich H. Jacobi) 지음

최신한 옮김

대한민국, 서울, 지식을만드는지식, 2014

편 집 자 일 러 두 기

- 이 책은 ≪Über die Lehre des Spinoza in Briefen an den Herrn Moses Mendelssohn≫(1785)에서 핵심 내용인 야코비와 레싱의 대화 및 추가 설명을 발췌했습니다. 또 1789년의 2판 서문인 < 인간의 자유 > 를 발췌했습니다.

- 주석은 원전의 것을 옮긴 것입니다. 원전의 편집자가 단 주석은 '편집자 주'로, 옮긴이가 단 주석은 '옮긴이 주'로 표시했습니다.

- 옮긴이가 첨가한 구절이 있을 때나 괄호가 중복될 때는 [ ]를 사용했습니다.

- 외래어 표기는 현행 한글어문규정의 외래어표기법을 따랐습니다.

차 례

해 설

이 번역은 프리드리히 야코비(Friedrich H. Jacobi)가 1785
년에 출간한 ≪모제스 멘델스존 님에게 보내는 편지에서
다룬 스피노자 학설(Über die Lehre des Spinoza in Briefen
an den Herrn Moses Mendelssohn)≫의 발췌본이다. 초판
의 핵심 내용인 야코비와 레싱의 대화 및 그에 대한 추가 설
명을 실었으며, 1789년의 2판 부록에서 < 인간의 자유 >를
발췌했다.

　　이 책은 제목이 보여 주듯이 흥미로운 인간관계를 배경
으로 한다. 우선 당대 최고의 철학자로 인정받은 계몽주의
자 레싱(Gotthold E. Lessing)을 중심으로 야코비와 멘델스
존(Moses Mendelssohn)의 관계가 펼쳐진다. 세 사상가의
중심 문제는 그때까지 학계에서 주목을 끌지 못한 스피노자
였다. 야코비와 멘델스존의 관계는 각자 저술 출판 과정에
서로를 끌어들이면서 극적으로 형성되며, 이것은 나중에
대치 관계로 발전한다. 사적인 편지를 공개한 것은 특별한
일이다. 서신 교환의 당사자가 동의하지 않은 상태에서 책
을 출간한 것도 관심을 끈다. 어쨌든 이 책은 야코비가 멘델

스존에게 보내는 편지에서 밝힌 스피노자론(論)이다.

야코비가 주변 인물들과 교환한 서신을 종합해 보면 그는 애당초 스피노자에게 많은 관심을 가지고 있었다. 그에게 스피노자 철학은 하나의 체계로서 큰 매력을 지니고 있었다. 모든 존재를 하나의 틀 속에서 수미일관하게 설명할 수 있다는 것은 철학 일반의 전범(典範)임이 틀림없다. 그러나 그는 개념의 필연적 연관성에만 집중하는 철학은 숙명론에 빠질 수밖에 없다는 사실을 지적한다. 스피노자의 철학은 범신론이며 범신론은 곧 숙명론이라는 생각이다. 이에 반해 그는 인과적으로 결합한 개념으로 포착할 수 없는 존재가 분명히 있으며 진정한 자유는 이를 통해 설명할 수 있다고 주장한다. 그는 이 책을 통해 스피노자의 범신론을 비판하려고 한 것이다.

야코비와 멘델스존의 관계는 야코비가 제네바에 머물던 젊은 시절까지 거슬러 올라간다. 실행하지는 못했지만 그는 멘델스존이 출판한 ≪영혼불멸성론≫을 프랑스어로 번역할 계획을 세운 적이 있다. 그는 멘델스존의 정신세계를 인정하고 존중했다. 두 사람의 실제 교류는 지인을 통해 이루어졌다. 야코비가 레싱을 방문했을 때 알게 된 라이마루스(Raimarus) 오누이가 멘델스존에게 야코비를 소개하고 멘델스존이 그에게 관심을 가지면서 교류를 시작했다. 레싱을 존경하던 멘델스존은 레싱이 스피노자주의자라는 소식을 접한 후 이에 대한 야코비의 구체적인 생각을 들으려 한다. 둘의 직간접적 교류는 이렇게 시작한다.

그렇지만 이 책은 둘의 불편한 관계를 배경으로 출간된다.[1] 라이마루스는 멘델스존이 스피노자주의에 관한 책을 계획하고 있으며 여기서 야코비를 스피노자주의 옹호자로 간주한다는 사실을 전한다. 야코비는 자신이 스피노자주의자가 아닌데도 스피노자 옹호자로 묘사되는 것에 발끈한다. 멘델스존은 ≪아침 시간 또는 신 존재에 대한 강의≫를 집필하면서 (스피노자를 다룬) 야코비의 편지를 사용해도 좋은지 라이마루스를 통해 묻는다. 야코비는 이를 승낙하지만 그 뒤 서신 교환은 여러 가지 사정으로 순조롭게 진행되지 않는다.

그사이 야코비의 친구 하만(Hamann)이 전하는 멘델스존의 근황은 야코비를 흥분시킨다. 멘델스존이 스피노자와 야코비 자신의 글들을 완전히 이해하지 못했으면서도 범신

---

1) 야코비와 멘델스존 및 지인들의 관계에 대해서는 편집자 마리온 라우슈케(Marion Lauschke)의 '편집 보고'를 참고함. 야코비, ≪모제스 멘델스존 님에게 보내는 편지에서 다룬 스피노자 학설(Über die Lehre des Spinoza in Briefen an den Herrn Moses Mendelssohn)≫(Hamburg, 2000), 325~338쪽, 특히 332쪽 이하 참조.

론을 비판하는 책을 곧 출판할 것이며 이를 통해 범신론 논쟁에 종지부를 찍으려 한다는 것이다. 이 전갈에 야코비는 크게 실망한다. 그리고 스피노자에 관한 자신의 입장이 오해받지 않도록 하기 위해서 ≪스피노자 학설≫의 출판을 결심한다. 멘델스존에게 쓴 편지를 공개하는 형식으로 책을 출판한 데에는 그에 대한 불편한 감정도 들어 있다.

멘델스존은 이 책의 출간에 대해 여러 방도로 비판한다. 책이 담고 있는 철학적 내용보다 사적인 편지를 본인의 허락 없이 공개한 사실에 대한 비판이 대부분이다. 그사이 그는 레싱에게 헌정할 책을 집필하는 도중 발병한 감기가 악화해 생을 마감한다. 당대 철학자들과 교분이 많았던 의사 마르쿠스 헤르츠(Markus Herz)는 죽음으로 이어진 감기와 ≪스피노자 학설≫에 대한 그의 분노 사이에 일정한 연관이 있음을 진단서에 기록하고 있다.[2] 멘델스존은 야코비가 묘사한 레싱의 스피노자 이해를 인정할 수 없었으며 계몽주의를 대변하는 레싱을 옹호하려고 했다. 이성은 감정이나 미신에 의해 훼손될 수 없다고 확신했던 것이다.

야코비는 멘델스존의 죽음을 둘러싸고 사태가 번져 가는 것을 지켜볼 수 없었다. 그는 항간에 떠도는 오해를 풀고

---

2) 같은 책, '편집 보고', 336쪽 참조.

멘델스존이 사실을 왜곡했다는 것을 폭로하려고 한다. 그 렇지만 그는 멘델스존의 비방에 대해 글로 답하는 차분한 방식을 택했다. 이 글은 ≪멘델스존의 모함에 대한 반박≫ (1786)이란 제목으로 출판되었다.

이른바 '스피노자 논쟁'은 이렇게 시작되었으며 '스피노 자 르네상스'로 이어졌다. 야코비와 레싱, 야코비와 멘델스 존 사이의 논쟁에서 출발한 스피노자에 대한 관심은 흥미롭 게도 칸트 이후 철학의 중심 문제로 부상한다. 스피노자는 칸트가 남긴 문제를 극복할 수 있는 대안으로 떠오른다. 스 피노자야말로 칸트의 이원론을 넘어설 수 있는 철학 체계라 는 사실이 새롭게 주목받은 것이다. 슐라이어마허와 헤겔 은 야코비를 통해 스피노자를 수용함으로써 칸트를 능가하 는 새로운 철학을 정립하며, 셸링도 스피노자주의자로 자 처하면서 자기만의 고유한 철학을 세운다. 특히 그의 ≪인 간 자유의 본질≫(1809)은 새로운 형태의 스피노자 논쟁으 로 평가할 수 있다.

이 책에서 소개하는 야코비와 레싱의 대화는 스피노자 논쟁의 구체적인 모습을 잘 보여 준다. 두 사람의 대화는 아 주 짧지만 스피노자에 대한 각자의 분명한 입장을 보여 주 고 있다. 레싱은 스피노자주의자로 자처하지만 야코비는 스피노자주의를 반대한다. 양자는 스피노자 이해에서도 상

반된 견해를 드러낸다. 레싱은 정통적인 신성(神性) 개념을 부정하고 이를 전일성(全一性)으로 대치한다. 모든 존재가 하나의 존재와 통일되어 있다는 저 유명한 헨카이판(hen kai pan) 사상이다. 레싱의 이 언명은 곧이어 전개되는 독일 관념론의 중심 문제로 떠오르며 소위 스피노자주의의 역사를 출발시킨다. 이 말은 그때까지 특별히 주목받지 못한 스피노자를 철학적 논의의 중심으로 끌어오는 계기가 되었다.

스피노자 논쟁의 핵심은 스피노자주의가 유신론인지 무신론인지에 관한 논쟁이기도 하다. 야코비는 최고의 실재를 철학 체계 속에 위치시키는 데는 동의하지만, 이 최고 실재가 '모든 현실 존재 가운데 깃들어 있는 현실성의 순수 원리'라는 사실은 부정한다. 야코비에게 이 실재는 인격적 실체다. 이러한 관점에서 그는 '초자연적 존재에 대한 자연적 철학'을 비판한다. 그러므로 스피노자주의는 불가피하게 숙명론이며 그렇기 때문에 자유에 대해 말할 수 없다. 야코비에 따르면 이것은 동시에 스피노자를 추종하는 합리론자 레싱의 생각이다. 이런 점에서 《스피노자 학설》은 무신론자와 벌이는 논쟁을 의도한다. 따라서 레싱이 스피노자를 옹호하면서도 신에 대해 언급한다면 그는 '이신론자'일 뿐이다. 야코비는 이성의 체계와 더불어 이를 능가하는 신의 인격성을 철학적으로 드러내려고 한다. 인간에게 자유가 있다는 사실을 논증하는 데서도 스피노자주의의 체계를 능가하는 지평을 끌어들인다. 야코비는 최고의 철학과 더불어 그 너머의 지평을 바라본 것이다.

이 책은 야코비와 멘델스존, 야코비와 레싱의 논쟁을 통해 18세기 말 철학이 계몽주의에서 초기 낭만주의 및 독일 관념론으로 이행하는 모습을 잘 묘사하고 있다. 스피노자 논쟁을 촉발한 것은 결국 새로운 철학의 출발점이 되었다.

지 은 이 에 대 해

프리드리히 하인리히 야코비는 1743년 뒤셀도르프에서 태어났다. 프랑크푸르트와 제네바에서 공부한 다음, 21세 젊은 나이에 아버지의 설탕공장을 물려받아 경영인이자 무역상이 되었다. 이 무렵 프리메이슨에 가입해 뒤셀도르프 지부의 재정을 담당했으며 나중에는 윌리히(Jülich)-베르크(Berg) 공국의 재무 담당 관리로 활동하기도 했다. 프리메이슨은 우애를 목적으로 하는 비밀 결사로 당대에는 괴테, 실러 등이 가입할 정도로 지식인들의 주목을 받은 조합이었다. 제네바에서는 보네(Charles Bonnet)의 계몽주의 저술을 탐독했으며, 루소와 볼테르의 정치 사상에 심취했다.

서른에 접어들면서 그는 오로지 철학과 문학에 집중하기 위해 공장 운영과 무역업을 그만둔다. 6년 뒤인 1779년에는 뮌헨의 각료가 되어 정치에도 참여했다. 그러나 그가 주도한 통상과 세무 행정의 개혁이 벽에 부딪치면서 공직을 접고 낙향했다. 그의 개혁 프로그램은 자유주의에 입각한 것이었지만 바이에른 정권의 권위를 이겨 낼 수 없었다. 이러한 경험을 나중에 애덤 스미스의 정치경제 이론을 지지하는 논문으로 출판했다.

야코비는 많은 지식인들과 친분을 유지했으며 이를 통해 자신의 사상을 교정하고 상대를 비판하기도 했다. 그의 집은 당시 문인과 철학자들이 모이는 정신적 센터였다. 빌란트(Christoph Wieland), 헴스테르하위스(Frans Hemsterhuis), 포르스터(Georg Forster), 하만, 헤르더, 레싱, 장 파울, 괴테 등 당시 지성계를 대변하는 인물들이 이곳을 방문했다. 이들의 사상은 야코비의 저술에서 그를 지지하는 논리로 쓰이기도 하고 반대 논증의 사례로 등장하기도 한다. 특히 괴테의 방문은 야코비가 문인으로 등장하는 계기가 되었다. 그의 소설 ≪볼데마르≫는 이렇게 해서 세상에 나온다. 이 소설은 구조적으로 불완전하지만 야코비의 철학적 아이디어를 천재적으로 드러낸 작품으로 평가받는다. 그러나 문인 빌란트, 괴테와의 관계는 이들의 신랄한 비판으로 좋지 않게 끝난 것으로 전해진다. 야코비는 1780년 계몽주의의 거장 레싱을 방문하는데, 이것은 스피노자 논쟁을 불러일으킨 ≪스피노자 학설≫의 중요한 계기로 작용한다.

1794년 프랑스 혁명군이 펨펠포르트를 점령한 후 야코비는 고향을 떠나 홀슈타인과 함부르크에 거주했다. 라인홀트(Karl Leonhard Reinhold)를 알게 된 것은 이 시점이다. 1804년에는 셸링과 함께 뮌헨대학 철학 교수가 되었으며 3년 뒤 바이에른학술원 원장을 지냈다. 말년에는 자신의 저술을 편집하는 일에 몰두했으나 완성하지 못했고, 1819년 뮌헨에서 영면한다. 전집 출간은 1825년 그의 친구 프리드리히 코펜(Friedrich Koppen)이 완성했다.

그의 사상은 실재론으로 요약된다. 그에 따르면 오성의 활동과 실재 세계의 파악은 확실히 구별된다. 논리와 형식, 내용과 실재, 이 양자는 확연히 구별된다는 것이다. 세계에 대한 직접적 지각과 경험이 가장 확실하며, 논리적 사고는 이러한 경험에 대한 추상적 파악에 불과하다. 직접적 경험은 실재에 대한 논리적 파악에 선행하며 그 토대가 된다. 따라서 세계에 대한 직접적 경험인 '믿음'을 중시하고 이것을 드러내는 '감정'을 강조한다. 이러한 관점에서 야코비는 칸트의 선험철학을 비판하고 스피노자의 체계철학을 몰아세운다.

스피노자 학설

레싱을 통해 알게 된 그의 친밀한 여자 친구는 베를린 여행을 계획했다. 그리고 1783년 2월에 보내온 편지에서 내게 베를린으로 갈 일이 있는지 물었다.

그녀는 베를린에서 다시금 편지를 보내왔다. 그녀의 편지는 대부분 "우리 레싱이 진정으로 존경하는 친구"인 멘델스존에 대해 다루고 있었다. 그녀는 레싱과 나에 대해서는 조금 말할 수 있지만 멘델스존과는 많은 것을 이야기할 수 있다고 했다. 그리고 멘델스존이 레싱의 성격에 대해 집필할 계획을 갖고 있다는 사실도 전해 주었다.

나는 여러 가지 방해 요인으로 곧바로 답장을 보낼 수 없었다. 그녀의 베를린 체류도 몇 주밖에 되지 않았다.

그녀가 여행에서 돌아와 집에 머물 때 편지를 보냈다. 그리고 멘델스존이 레싱의 종교적 신념에 대해 얼마나 알고 있는지 알아보았다. **레싱은 스피노자주의자일 것이다.**

레싱은 이 문제에 대해 아무런 주저함도 없이 내게 말했다. 그는 자신의 생각을 전혀 감추려고 하지 않기 때문에 내가 그에 대해 알고 있는 것은 많은 사람들에게 알려진 것이라고 추측해도 상관없었다. 그런데 레싱은 멘델스존에게 이 문제에 관해 분명하게 설명하지 않았다. 이것은 내게 다음과 같은 방식으로 알려졌다.

나는 레싱에게 베를린 여행을 제안했는데, 레싱은 볼펜

뷔텔(Wolfenbüttel)에서 이 문제를 이야기하자고 답장을 보내왔다. 내가 볼펜뷔텔에 도착했을 때 큰 장애물이 생겼다. 레싱은 혼자 베를린으로 가라고 나를 온종일 설득했던 것이다. 그가 이렇게 애쓴 것은 멘델스존 때문이었다. 그는 자신의 친구들 가운데 멘델스존을 최고로 평가했다. 레싱은 내가 멘델스존과 인간적으로 친해지기를 간절히 바랐다. 나는 이런 이야기를 나누면서 내가 경험한 놀라운 사실을 털어놓았다. 멘델스존같이 명석하고 올바른 오성을 가진 사람이 어떻게 명증성에 관한 논문[3]에서처럼 이념으로부터 신의 존재 증명을 받아들일 수 있었느냐는 것이다. 레싱은 이에 대해 변명했다. 이것은 내게 물음을 불러일으켰다. '레싱의 이론 체계가 멘델스존에게 맞선 것이 아니지 않느냐?' 레싱은 절대 맞선 것이 아니라고 대답했다. 나는 ≪인류교육≫[4] 73절에 레싱과 멘델스존이 공감한 내용[5]이 들어 있다고 말하기도 했다. 우리는 이 문제를 마무리하지 못했고,

---

3) < 형이상학적 학문에 나타난 명증성에 관한 논문(Abhandlung über die Evidenz in Metaphysischen Wissenschaften) > .

4) 레싱, ≪인류교육(Die Erziehung des Menschengeschlechts)≫, Berlin, 1780.

5) (옮긴이 주) 야코비는 당시 논의 중이던 기독교 삼위일체론에 레싱과 멘델스존이 공감한 것으로 본다. ≪인류교육≫ 73절에서 레싱은 우리가 신에 대한 완전한 표상을 가질 수 있다는 사실을 추론하고 있다.

나는 이 문제를 남겨 두었다.

분명한 것은 많은 사람들이 레싱의 스피노자주의에 대해 들었을 것이며 멘델스존이 이에 대해 신뢰할 만한 내용을 모르고 있다는 것이다. 나는 둘째 문제에 관심을 갖게 되었다.

여자 친구는 내 생각을 완전히 파악했다. 그녀에게는 이 문제가 너무나도 중요하게 보였다. 그녀는 내가 털어놓은 것을 알리기 위해 멘델스존에게 편지를 썼다.

멘델스존은 놀랐다. 그의 첫 반응은 내 말이 옳은지 의심하는 것이었다. 그는 자신이 묘사한 레싱의 성향을 레싱이 어떻게 표현했는지 분명히 알고 싶어 했다. 레싱이 과연 무미건조한 말로 스피노자의 체계를 옳은 것으로, 근거가 확실한 것으로 간주했는가? 그것은 어떤 체계인가? ≪신정론≫에서 다룬 체계인가, ≪데카르트 철학의 원리≫에서 언급한 체계인가, 루도비쿠스 마이어[6]가 스피노자 사후 그의 이름으로 세상에 알린 체계인가를 알고 싶어 했다. 이것이 일반적으로 알려진 스피노자의 무신론 체계라면 과연 레싱은 벨[7]의 오해[8]와 같은 체계를 상정했는가, 아니면 다른 사람

---

6) (옮긴이 주) 루도비쿠스 마이어(Ludovicus Meyer, 1638~1681): 의사, 문 필가, 데카르트적 철학자, 암스테르담 스피노자학회 회원.

7) 피에르 벨(Pierre Bayle), ≪역사와 비평 사전(Dictionnaire historique et

들은 이 체계를 어떻게 더 잘 설명할 수 있었는가? 그리고 만약 레싱이 체계에 대한 상세한 규정 없이 단순히 어떤 사람에 대해 알게 되었다면 그는 그 순간 더 이상 반성적이지 않았거나, 그가 진지하게 생각하는 순간 스스로 다시금 폐기했을 패러독스적인 것을 주장하게 된 특별한 분위기 가운데 있었다고 멘델스존은 덧붙였다.

그러나 레싱은 다음과 같이 말했을 수 있다. "**친애하는 형제, 심히 야유 받은 스피노자가 그와 접하면서 영웅이 된 모든 선동가들보다 여러 부분에서 더 많은 것을 고찰했을 수 있습니다. 특히 그의 ≪에티카≫에는 훌륭한 사실들이 들어 있습니다. 아마 수많은 정통 도덕이나 다양한 세계 지혜의 총괄에 들어 있는 것보다 더 좋은 사실들이 있을 것입니다. 그의 체계는 사람들이 생각하는 것과 같은 비합리적인 것이 아닙니다. 그래서 멘델스존의 마음에 들었을 것입니다.**"

끝으로 멘델스존은 자신의 희망을 반복했다. "나는 호의

---

critique)≫, 스피노자 항목, IV. 253~271.

8) (옮긴이 주) 벨은 스피노자를 데카르트주의자로 보았으며, 스피노자의 실체와 양상을 데카르트적인 의미로 이해했다. 실체는 주체이며, 양상은 주체에 속하는 속성이다. 실체의 양상의 관계는 주어-술어 관계와 같은 것이라는 설명이다.

를 갖고 싶습니다. 그리고 레싱 체계의 특정 내용이 무엇인지, 그것이 어떤 방식을 띠고 있는지 상세하게 알리고 싶습니다. 또한 레싱이 어떤 기회에 이 사실을 언급했는지 보고할 것입니다. 왜냐하면 레싱은 내가 그를 전부 이해했을 뿐 아니라 이와 같은 담화의 모든 정황을 잘 기억할 것이라고 확신할 것이기 때문입니다."

이 희망이 사실이 되었다면 멘델스존은 레싱의 성격에 대해 더 쓰려고 했던 대목에서 이것을 언급했을 것이다. 청렴한 지혜자 멘델스존은 말했다. "왜냐하면 우리 최고 친구의 이름도 그가 달성한 만큼 후세에 빛나야 하기 때문입니다. 도처에 진리가 있으며, 진리와 더불어 항상 좋은 사실이 주어집니다."

나는 이러한 요구에 대해 조금도 생각하지 않았다. 그리고 11월 4일 내 여자 친구의 봉투를 이용해서 다음과 같은 편지를 멘델스존에게 보냈다. 그가 편지의 원본을 갖도록 하기 위해 나는 이 편지의 내용을 첫 행에서 끝 행까지 아무런 변조 없이 인쇄에 맡기려고 한다.

1783년 11월 4일
뒤셀도르프의 펨펠포르트에서

당신은 내가 불멸의 레싱에게 보낸 편지에서 표현했던 모종의 견해 때문에 내게서 더 정확한 것을 알고자 합니다. 내가 그것에 관해 알릴 수 있는 문제를 가지고 당신과 직접 논의하는 것이 가장 나을 것입니다.

나에 관한 것을 미리 보내 드린 것은 적절하며 적어도 당신의 발표와 어울립니다. 이를 통해 당신을 좀 더 잘 알게 되었으므로 나는 모든 것을 자유롭게 말할 용기를 얻을 것이며 스스로 조심하고 수줍어하려는 모든 의지를 잊을 것입니다.

나는 다른 세계의 존재에 대해 불안해하기 시작했기 때문에 여전히 폴란드식 재킷을 입고 있었습니다. 여덟아홉 살 어린이의 통찰력은 (다르게 표현할 수 없는) 특별한 견해를 갖게 했으며 이것은 이 시간까지도 내게 확실하게 남아 있습니다. 인간에 대해 개선된 기대를 넘어 확실성에 도달하려는 동경은 해마다 커졌으며, 이것은 내 나머지 운명이 결합해야 하는 중심 단서가 되었습니다. 타고난 기질과 교육이 통합해 나 자신을 믿지 못하게 되었고 다른 사람들이 할 수 있는 것을 얻을 것이라는 더 큰 기대를 오랫동안 가졌습니다. 나는 제네바로 갔고,[9] 여기서 고결한 사랑과 아버지의 헌신으로 나를 보살펴 준 훌륭한 사람들을 만났습니다. 이들과 같은 명성을 지닌 사람들, 그리고 이들보다 더 큰 명성을 지닌 사람들은 내게 도움이 되지 않았습니다. 이들은 나와 관계가 오래가지 못했고 내게 큰 손실을 끼치기도 했습니다. 이러한 경험은 나를 점차 나 자신에 대한 신뢰라는 분위기에 휩싸이게 했고, 여기서 나만의 힘을 모으고 숙고하는 법을 배웠습니다.

당신도 알다시피 내면의 요구에서 출발해 진리를 탐구하는 정신의 소유자들은 별로 없습니다. 그렇지만 이들에게는 내면의 삶 가운데 삶의 진리가 몇 가지 더 알려집니다. 그러므로 이들로부터 빈말을 듣게 되는 사람은 거의 없습니다. 나는 이러한 흔적을 발견했고 이를 산 자와 죽은 자 가운데서 찾아보았습니다. 그리고 이러한 추적이 길어질수록 더욱 내적으로 깨닫게 되었습니다. 실제적인 깊은 사려는

---

9) (편집자 주) 야코비는 아버지의 권고로 1759년에서 1761년까지 2년간 제네바에 체류한다. 그는 여기서 원래 무역학 공부를 더 해야 했지만, 나중에 그의 철학적 사유의 기초가 된 많은 것을 경험한다. 야코비가 (전집 2권에서) 직접 거명하는 인물로 수학선생님 뒤랑(Durand)과 물리학자 조르주 루이 르사주(George Louis le Sage)있으며 르사주를 통해 샤를 보네(Charles Bonnet)를 소개받기도 했다. 이 시기에 루소 및 프랑스 계몽주의와 논쟁을 시작하며 볼테르와도 개인적으로 알게 되었다.

물체의 중력과 같이 공통의 방향을 갖습니다. 그러나 이 공통의 방향은 주변의 다양한 지점에서 출발하기 때문에 그 교차가 어려운 것처럼 나란히 가기도 어렵습니다. 내가 명민함과 비교하려고 하는 원(圓)의 현(絃)은 형식과 외적인 것에 대해 깊이 생각하기 때문에 종종 깊은 사려로 간주됩니다. 그러나 이것은 늘 동일한 모습을 견지하지 않습니다. 여기서 원하는 바에 따라 여러 선(線)들이 나누어지며 경우에 따라서는 이들이 평행을 이루기도 합니다. 현은 마치 붙어 있는 것처럼 보일 정도로 지름에 근접해 있을 수 있습니다. 이렇게 되면 현은 원래 현 자체로 간주되었던 반지름의 끝에 닿지도 않은 채 이 반지름만 무수히 분할합니다.[10] 여기에는 두 가지가 결여되어 있습니다. 아무런 예리함과 깊이도 없이 **소위** 지식이라고 부르는 지식, 그리고 진리 자체의 요구나 만족이 없는 지식이 그것입니다. 이보다 더 역겨운 것을 발견할 수 있을까요? (…) 존경하는 멘델스존님, 이런 잡동사니들을 늘어놓은 것에 대해 양해를 부탁드립니다. 이제 레싱에 대해 이야기하겠습니다.

　나는 늘 이 거목을 존경했습니다. 신학 논쟁[11]을 통해

———
10) (옮긴이 주) 여기서 야코비는 기하학의 용어인 '원', '현', '선', '지름', '반지름' 등의 용어를 사용한다. 원주의 두 점을 연결한 선분은 그 원의 현이며, 원의 중심을 지나는 현은 그 원의 지름이다.

처음으로 이 분을 아는 게 좋겠다고 생각했으며, ≪비유≫[12]를 읽은 후에는 이런 생각을 더 많이 했습니다. 그는 내 책 ≪알빌의 서간집≫[13]에 관심을 보였으며 여행자를 통해 친절한 통지를 보내더니 1779년에는 결국 편지를 보내왔습니다. 이것은 내게 유익한 운명이었습니다. 나는 다음 해 초 볼펜뷔텔로 여행할 계획이 있다고 답했습니다. 모종의 철학 문제들에 대해 내가 표현할 수 없었던 여러 형태의 정신을 레싱에게서 불러낼 수 있으리라고 기대한 것입니다.

여행은 성사되었으며, 지난 7월 5일 오후 처음으로 레싱을 만났습니다.

우리는 그날 중요한 문제들에 대해 의견을 나누었습니다. 많은 철학자들에 대해서 논했으며, 도덕적 비도덕적 무신론자, 이신론자, 기독교인들에 대해 이야기했습니다.

---

11) (편집자 주) 이 논쟁은 레싱의 ≪미명의 단편 (Fragment eines Ungenann-ten)≫(1774~1777)을 두고 벌어진 '단편논쟁(Fragmentstreit)'을 가리킨다. 레싱은 헤르만 사무엘 라이마루스(Hermann Samuel Reimarus, 1694~1768)가 쓴 책 ≪신에 대한 이성적 경모자를 위한 변명(Apologie oder Schutzschrift für die vernünftigen Verehrer Gottes)≫에서 발췌해 단편을 출판했는데, 이 책의 출판을 둘러싸고 신학 논쟁이 벌어졌다.

12) ≪비유(Eine Parabel)≫, Braunschweig, 1778.

13) 야코비, ≪에두아르트 알빌의 서간집(Eduard Allwills Briefsammlung)≫, Königsberg, 1792, ≪알빌의 서간집 (Allwills Briefsammlung)≫, WW I, Leipzig, 1812.

다음날 아침 레싱이 내가 머물던 방으로 왔을 때, 난 아직 보내야 할 편지를 끝내지 못하고 있었어요. 그를 기다리지 않게 하기 위해 편지함에 있는 편지 몇 통을 그에게 건넸습니다. 이것을 다 읽은 후 그는 또 다른 편지가 있느냐고 물었습니다.

"물론입니다. 여기 시 한 편이 있습니다.14) 당신은 [시에 대해] 여러 번 화를 냈습니다. 지금도 화를 낼 것 같네요."

레싱: (시를 다 읽은 다음 내게 돌려주면서) 화나지 않았습니다. 나는 이미 오래전에 분노를 내려놓았어요.

나: 이 시를 알고 있습니까?

레싱: 아니요. 읽은 적이 없습니다. 하지만 괜찮네요.

나: 나도 좋습니다. 그렇지 않았다면 보여 드리지 않았을 겁니다.

레싱: 난 좀 다르게 생각합니다. (…) 이 시의 관점은 곧 내 관점입니다. (…) 내게는 더 이상 정통적인 신성(神性) 개념이 없으며 난 이를 향유할 수 없어요. 일자존재와 전체존재(Ἓν καὶ Πᾶν)! 이와 다른 것은 모릅니다. 이 시도 이 전일성(全一性)을 향하고 있네요. 그래서 이 시가 아주 마음

---

14) (옮긴이 주) 이 시는 멘델스존에게 보내는 이 편지 말미에 실린 괴테의 <프로메테우스(Prometheus)>를 가리킨다.

28

에 든다고 고백해야겠습니다.

　나: 그렇다면 당신은 스피노자에 완전 동의하는 겁니다.

　레싱: 누군가를 거명해야 하는 경우라면 나는 스피노자 외에 다른 사람은 모릅니다.

　나: 스피노자는 내게 아주 좋습니다. 하지만 우리는 그 이름에서 악한 구원을 봅니다!

　레싱: 만약 당신이 원한다면, 그 말이 맞아요! (…) 그럼 혹시 더 좋은 것을 알고 있습니까? (…)

　다음 날 아침, 식사를 마치고 옷을 입기 위해 방으로 돌아왔을 때 레싱이 금방 따라 들어왔다. 내가 머리를 빗고 있는데, 레싱은 방 안쪽 책상에 조용히 기대어 앉았다. 내가 마주 보고 앉자 그는 말하기 시작했다. "내 '전일성'에 대해 당신과 대화하러 왔어요. 어제는 놀랐지요."

　나: 예. 놀랐습니다. 혼란스러워서 좀 흥분했지만 끔찍하지는 않았습니다. 하지만 난 당신을 바로 스피노자주의자나 범신론자라고 추측했습니다. 당신은 놀랍게도 이를 털어놓았어요. 나는 스피노자에 맞서기 위해 당신의 도움을 받으려고 합니다.

　레싱: 당신도 스피노자를 알지요?

　나: 겉으로는 그뿐만 아니라 다른 사람에 대해서도 별로

아는 것이 없습니다.

레싱: 그렇다면 당신을 도울 수 없어요. 차라리 그의 친구가 한번 되어 보시죠. 스피노자를 능가하는 철학은 없습니다.

나: 그건 사실인 것 같습니다. 결정론자가 설득력을 지니려고 한다면 그는 반드시 숙명론자가 되어야 합니다. 나머지는 자동적으로 주어집니다.

레싱: 우리는 서로를 이해했군요. 스피노자주의의 정신에 대한 당신의 입장을 더 듣고 싶습니다. 스피노자 안에서 진행된 정신 말입니다.

나: 그것은 다름 아니라 아주 오래된 것, 즉 '무에서는 아무것도 나오지 않는다(a nihilo nihil fit)'는 것입니다. 이것은 스피노자가 철학적 카발라주의자들[15]이나 그전 철학자들보다 더 추상적인 개념에 따라 고찰한 것입니다. 이 추상적인 개념에 따라 스피노자는 무한자 안에서 일어나는 모든 생성의 구체적인 모습과 상관없이 이 생성을 통해서, 즉 무한자 안에서 일어나는 모든 변화를 통해서 **어떤 것이 무로부터** 정립된다는 것을 발견했습니다. 그는 무한자에서 유

---

15) (옮긴이 주) 카발라주의(Kabbalah)는 유대 신비주의를 뜻한다. 카발라주의는 불변하며 영원하고 신비적인 무한자와 유한한 피조물 사이의 관계를 설명하는 비교적(秘敎的) 가르침이다.

한자로 넘어가는 모든 **이행**을 비판했으며, 전반적으로 모든 잠정적 원인, 이차적 원인 또는 멀리 있는 원인(遠因)을 비판했습니다. 그리고 유출하는 근원무(Ensoph)[16]의 자리에 **내재적** 근원무를 정립했어요. 이것은 안에 머물며 **내적으로** 영원히 불변하는 세계의 원인으로서 그로부터 나오는 모든 결과와 동일한 것입니다.

내주(內住)하는 이 원인 자체는 분명 오성도 아니며 의지도 아닙니다. 왜냐하면 이 원인은 그 선험적 **통일성**과 철저하게 절대적인 무한성에 따라 사고나 의욕의 그 어떤 대상도 가질 수 없기 때문입니다. 이 원인은 개념 이전의 개념이나 대상 이전의 개념을 산출하는 능력이며, 의욕에 영향을 미치고 **전적으로** 자기 규정적이며 순수하게 불합리한 존재인 의지와 마찬가지로 완전한 자기원인입니다. (⋯)

(⋯) 결과의 무한 계열은 불가능하다는 비판(내재적 원인은 도처에 있으며 항상 있기 때문에 **단순한** 결과는 없다는 비판)은 자기 모순적입니다. 왜냐하면 무에서 나와서는 안 되는 모든 계열은 단연코 무한한 것이어야 하기 때문이지요. 이로부터 다시금 다음과 같은 사실이 나옵니다. 모든

---

16) (옮긴이 주) 카발라주의에 따르면 근원무는 무한하고 무규정적인 무(無)를 가리키며 그것으로부터 세계가 생성되는 신의 빛을 지시한다.

개별 개념은 다른 개별 개념에서 나오며 **실제로 현존하는 대상에 직접적으로** 관계해야 합니다. 그리고 무한한 속성을 지닌 최초의 원인에는 개별 사상도 없고 의지의 개별 규정도 없으며 오로지 최초의 보편적이며 내적인 원질료(原質料)[17]만 있습니다. (…) 최초의 원인은 그것이 어떤 의도나 최종 원인을 위해 존재하는 것이 아닌 것처럼 의도나 최종 원인에 따라 행동할 수 없습니다. 마찬가지로 최초의 원인은 그 가운데 **시작**이나 **끝**이 없는 것처럼 어떤 것을 실행하는 **최초 근거**나 **최종 목적**을 갖지 않습니다. (…) 그러나 근본적으로 우리가 결과나 지속이라고 부르는 것은 단순한 망상입니다. 실재적 결과는 완전한 실재적 원인과 함께 있으며 오로지 표상에 의해서만 그것과 구별되기 때문에, 결과와 지속은 **진리에 따라** 다양한 존재자들을 무한자 속에서 직관하는 특정 방식에 지나지 않아야 하기 때문입니다.

레싱: (…) 우리는 우리 신조에서 분열되지 않을 것입니다.

나: 우리는 어떤 경우에도 분열을 원하지 않습니다. 그렇지만 내 신조는 스피노자 안에 없습니다.

---

17) (옮긴이 주) 원질료(Urstoff)는 형태가 없는 질료로서 그것에 신이나 힘이 영향을 미치면 우주가 발생한다.

레싱: 희망하건대 그런 내용은 **어떤 책에도** 없습니다.

나: 이런 내용이 홀로 있지는 않지요. 나는 합리적이고 인격적인 세계원인을 믿어요.

레싱: 오, 더 좋습니다! 난 여기서 전혀 새로운 사실을 들어야 합니다.

나: 이것에 만족하기 바랍니다. 나는 **위험한 도약 - 공중제비**(Salto mortale)를 감행함으로써 [이 복잡한] 사실에서 빠져나오려고 합니다. 그러나 당신은 **물구나무서기**로 특별한 기쁨을 맛보지 못했어요.

레싱: 내가 언제 공중제비를 따라 할 필요가 없는 것인지 말하지 마세요. 당신은 또다시 발로 서게 될 것이니 말입니다. 이것이 비밀이 아니라면 나는 발로 서는 것을 내게 요구하려고 했습니다.

나: 당신은 이것을 내게서 늘 간과할 수 있습니다. 전체 사실은 내가 숙명론에서 곧바로 반숙명론을 도출하고 숙명론과 결합한 모든 것에 맞서는 이론을 도출하는 데 있어요. 만약 단순히 작용 원인만 있고 최종 원인이 없다면 전체 본성 가운데 사고하는 능력은 단순히 보는 활동에 지나지 않습니다. 이러한 사고의 유일한 업무는 작용하는 힘의 메커니즘을 수반하는 일입니다. 지금 우리가 하고 있는 토론은 우리 신체의 소관에 지나지 않아요. 이 토론의 전체 내용은

연장, 운동, 속도의 등급과 같은 신체의 요소로 분해되고 이 들[연장, 운동, 속되의 개념에 병행하며 이 개념들의 개념에 병행하는 것이 됩니다. 시계를 발명한 사람은 원칙적으로 시계를 발명한 것이 아닙니다. 그는 그저 맹목적으로 전개되는 힘의 생성을 바라보았을 뿐입니다. 마찬가지로 라파엘로는 아테네 학당을 그렸으므로 라파엘로이며, 레싱은 ≪나탄≫을 썼으므로 레싱입니다. 동일한 것이 모든 철학자와 예술가, 통치 형식과 해전, 지상전에 해당하며, 간단히 말해서 가능한 모든 것에 해당합니다. 왜냐하면 정념과 정열도 그것이 지각과 사상인 한에서, 더 정확히 말하자면 양자가 지각과 사상을 **지니고 있는** 한에서 작용하는 것이 아닙니다. 우리는 분노, 사랑, 용기 또는 이성적 결단으로 행동했다는 것을 **믿을** 뿐입니다. 단순히 망상인 거죠! 이 모든 경우에 우리를 움직인 것은 원칙적으로 모든 것에 대해 아무것도 모르는 **어떤 것**이며, **이런 한에서** 지각 및 사상으로부터 단순히 드러난 것에 지나지 않아요. 그러나 지각과 사상은 연장, 운동, 속도의 등급 등의 개념에 지나지 않습니다. 이것을 받아들일 수 있는 사람의 소견을 나는 반박할 수 없습니다. 그러나 이것을 받아들일 수 없는 사람은 스피노자의 반대자가 되어야 합니다.

레싱: 당신의 뜻을 자유롭게 펼치는 것 같군요. 나는 이

런 것을 열망하지 않습니다. 당신이 방금 말한 것은 적어도 나를 놀라게 하지는 않습니다. 사유를 최초의 것과 최고의 것으로 고찰하고 이로부터 모든 것을 도출하려고 하는 것은 인간의 선입견입니다. 표상과 더불어 모든 것은 더 높은 원칙에 의존하기 때문입니다. 연장, 운동, 사상은 이를 통해 소진되지 않는 상위의 힘 가운데에 토대를 갖고 있는 것이 확실합니다. 이 상위의 힘은 이런저런 결과보다 무한히 탁월해야 합니다. 그리고 단순히 모든 개념들을 능가할 뿐 아니라 전적으로 개념들 **밖에 있는** 이에 대한 일종의 만족이 있습니다. 우리가 이것에 대해 생각할 수 없다는 사실이 그 가능성까지 지양하는 것은 아닙니다.

나: 당신은 스피노자보다 더 나갔습니다. 스피노자에게 타당했던 것은 모든 존재에 대한 **통찰**이었습니다.

레싱: 그것은 **인간**을 위한 것이지요! 우리는 의도에 따라 행동하는 방식, 최고의 방법이라고 부르는 방식, 위에서부터 생각을 시작하는 가련한 방식에 머물러 있지만, 그는 이런 방식에서 멀리 떨어져 있습니다.

나: 스피노자에게 **모든 유한한** 자연에서 통찰은 최선의 항목입니다. 왜냐하면 이 통찰은 모든 유한한 자연으로 하여금 유한성을 넘어가게 하는 항목이기 때문입니다. 그는 모든 존재에 두 개의 영혼을 부여했다고 말할 수 있을 겁니

다. 한 영혼은 오로지 현재의 개별 존재(사물)에만 관계하고, 다른 영혼은 전체 존재에 관계합니다. 그는 이 둘째 영혼에 불멸성을 부여합니다. 그러나 스피노자의 무한하고 유일한 실체는 개별 사물들 밖에서 홀로 규정적 현존재나 완전한 현존재를 갖지 않습니다. 만약 이 실체가 통일성을 위해서 고유하고 특수한 개인적 현실성을 갖는다면, 그리고 이 실체가 인격과 생명을 갖는다면 이에 대한 통찰은 최고의 항목일 것입니다.

레싱: 좋아요. 그렇다면 당신은 어떤 표상에 의거해서 세계 밖에 있는 인격적 신성을 가정하는 겁니까? 혹시 라이프니츠의 표상[18]을 따르는 건가요? 내가 걱정하는 것은 라이프니츠가 마음속으로는 스피노자주의자였다는 사실입니다.

나: 지금 진지하게 말하는 겁니까?

레싱: 당신은 이것을 진지하게 의심하는지요? 라이프니츠는 사람들이 자신의 진리 개념에 좁은 한계를 설정한 것을 참지 못했어요. 그의 많은 주장들이 이러한 사고방식에서 흘러나왔습니다. 날카로운 의미에서 그만의 고유한 견해를 드러내는 것은 아주 어렵습니다. 바로 이러한 이유로

---

18) (옮긴이 주) 라이프니츠의 예정조화설은 자연의 기계론적 필연성을 넘어서는 신적인 결정론이다. 이 이론은 우주의 조화와 창조의 선한 특성을 성취하려는 신의 계획에 토대를 두고 있다.

나는 그를 중시합니다. 내가 그를 중시하는 것은 이와 같은 그의 위대한 사고방식 때문이지, 그가 가진 것으로 보이거나 실제로 가졌던 이런저런 견해 때문이 아닙니다.

나: 전적으로 옳습니다. 라이프니츠는 "모든 조약돌로 불을 붙이고"[19] 싶어 합니다. 그러나 당신은 임의의 견해인 스피노자주의에 대해 말하기를, 라이프니츠가 이것에다 **진정 무엇인가를 첨가했다**고 했습니다.

레싱: 라이프니츠가 신에 대해 말한 구절을 기억해 봐요. "신은 영원한 확장과 수축 가운데 있다." 이것은 세계의 창조와 지속입니까?

나: 신의 섬광에 대해서는 알지만 이 구절은 모르겠어요.

레싱: 이 구절을 찾아볼게요. 그럼 당신은 라이프니츠와 같은 사람이 여기서 무엇을 생각할 수 있었으며 생각**했어야 하는지** 말해야 합니다.

나: 그 구절을 보여 주세요. 하지만 먼저 언급해야 할 것이 있습니다. 다른 수많은 구절, 그의 편지, 논문, ≪신정론≫, ≪신논총(nouveaux Essais)≫, 그리고 그의 철학 이력 전반의 많은 곳을 기억해 보면, 라이프니츠가 초세계적 원인

---

19) "aus jedem Kiesel Feuer schlagen". ≪레싱의 기고문(Lessings Beiträge)≫, I, 216.

이 아니라 오로지 세계 내재적 원인을 믿었을 것이라는 가설 앞에서 혼란스러워져요.

레싱: 이 측면에서는 당신의 생각에 동의합니다. 세계 내재적 원인으로 쏠리겠지요. 내가 말을 너무 많이 한 것을 인정합니다. 그럼에도 내가 생각한 구절과 그 밖의 다른 구절은 늘 특별한 것으로 남습니다. 그러나 이것을 잊어서는 안 될 것입니다. 당신은 스피노자의 반대급부로 어떤 표상을 생각합니까? 혹시 라이프니츠의 원리들이 스피노자주의를 끝낸 것인가요?

나: 나는 설득력 있는 결정론자가 숙명론자와 구별되지 않는다는 사실을 확신합니다. 이제 나는 무엇을 할 수 있습니까? (⋯) 창이 없는 모나드는 내게 연장과 사고를, 즉 전반적으로 **실재**를 허용합니다. 나는 모나드를 가지지만 이를 파악할 수 없습니다. 난 여기서 좌우를 알지 못해요. 심지어 내게는 이론적인 그 무엇이 위에서 쏟아져 내리는 것 같아요. (⋯) 이 밖에도 라이프니츠주의와 스피노자주의가 일치하는 체계에 대해 아는 바가 없습니다. 라이프니츠와 스피노자 가운데 누가 우리와 스스로를 가장 많이 최선으로 -가장 영예롭게- 소유하는지 말하는 것은 어려워요. (⋯) 멘델스존은 **예정조화**가 스피노자에게 존재한다는 사실을 공개적으로 밝혔습니다. 스피노자가 많은 것을 라이프니츠

의 근본 이론에서 가져온 것이 틀림없으며, 또는 (볼프의 강의가 어렵사리 만개할 수 있었던) 스피노자와 라이프니츠가 아무런 논쟁 없이 나란히 존재하는 정신은 아닐 것이라는 사실이 이로부터 드러납니다. 나는 스피노자를 통해 라이프니츠의 전체 영혼론을 설명해 보려고 해요. (…) 두 사람은 자유에 관해 근본적으로 동일한 이론을 갖고 있으며 구별이 된다면 오로지 환상적으로만 구별됩니다. 스피노자가 ≪편지 62번, 유고집(Ep. LXII, Op. Post.)≫ 584쪽 이하에서 우리의 자유 감정을 자신이 어떻게든 계속 운동하려고 한다는 것을 생각하고 알고 있는 돌을 예로 들어 설명한다면, 라이프니츠는 동일한 사실을 자침(磁針)의 예[≪신정론(Theod.)≫ § 50]를 통해 설명합니다. 여기서 자침은 북쪽과 반대 방향으로 운동하려는 욕구를 가지며, 자기(磁氣) 질료의 알 수 없는 운동을 인지하지 않은 채 다른 원인과 무관하게 독자적으로 돌고 있다고 생각합니다. (…) 라이프니츠는 최종 원인을 욕구(Appetitum)나 내재적 충동(Conatum immanentem)을 통해 설명해요. 이와 마찬가지로 스피노자도 이러한 의미에서 최종 원인을 전적으로 인정할 수 있었습니다. 스피노자에게 **외부 세계와 욕구의 표상**은 라이프니츠와 같이 **영혼의 본질을 형성합니다.** 요컨대 사실의 속내로 파고들어 가면 라이프니츠와 스피노자에게 공히 모든 최종 원인은 작용 원인을 전제한다는 사실이 드러납니다. (⋯) 사고가 실체의 원천이 아니라 실체가 사고의 원천입니다. 그러므로 사고에 앞서서 사고하지 않는 존재를 제일자로 받아들여야 해요. 현실 가운데 전혀 존재하지 않았던 것을 표상과 본질과 내적 본성에 따라 선행자로 생각해야 합니다. 그래서 라이프니츠는 정말로 진지하게 영혼을 자동 정신(automates spirituels)으로 불렀어요. 어떻게 모든 영혼들의 원리가 어딘가에서 독자적으로 **존립**하고 **작용**할 수 있습니까? 질료 전에 정신이 있으며 대상에 앞서 사유가 있나요? 우리가 곤경에서 빠져나올 수 있도록 그가 마땅히 풀었어야 하는 이 엄청난 실마리를 그는 엉클어진 상태로 내버려 두었습니다.

레싱: (⋯) 나는 당신을 편하게 내버려 두지 않겠습니다. 당신은 이러한 평행론을 밝혀야 합니다. 그런데도 사람들은 항상 죽은 개에 대해 말하듯이 스피노자에 대해 말해요. (⋯)

나: 당신은 이전과 같이 이후에도 스피노자에 대해 언급할 것입니다. 스피노자를 파악하기 위해서는 정신의 끈질긴 노력이 필요해요. ≪에티카≫에서 한 구절이라도 이해하지 못하고 넘어간 사람은 스피노자를 파악하지 못했어요. 자신의 철학에 대해 그렇게 자주 강조해서 밝혔던 그의 확

고한 내적 확신의 연유를 이해하지 못한 사람은 스피노자를 파악하지 못한 것입니다. 말년에 그는 이렇게 말했어요. "나는 최고의 철학을 발견했다고 주장하지는 않지만 진정한 철학을 인정할 줄은 안다." 이와 같은 정신의 평화와 오성의 천국을 맑고 순수한 정신의 소유자가 어떻게 창출했는지는 소수만이 맛볼 수 있을 겁니다.

레싱: 그렇다면 야코비 당신은 스피노자주의자가 아닙니다!

나: 그래요. 맹세코 아닙니다!

레싱: 맹세코 당신은 당신의 철학과 모든 철학에 등을 돌려야 합니다.

나: 왜 그런가요?

레싱: 당신은 이같이 완전한 회의주의자입니다.

나: 그 반대예요. 나는 필연적으로 완전한 회의주의를 만드는 철학에서 물러납니다.

레싱: 그렇다면 어떤 철학을 지향합니까?

나: 스피노자가 말했듯이 자기 자신과 흑암을 밝혀 주는 빛을 따라갑니다. 나는 스피노자를 좋아합니다. 왜냐하면 그는 다른 철학자들과 달리 임의의 사물이 [자동적으로] 전개될 수 없다는 완전한 확신을 갖게 해 주었기 때문이에요. 그러므로 우리는 사물들 앞에서 애써 눈을 감기보다 그것을

보이는 대로 받아들여야 하는 것입니다. 내게는 최종 원인 개념 이상의 내적 원인 개념이 없어요. **나는 내가 행하는 것만을 생각해야 한다**는 것 대신에 **나는 내가 생각하는 것을 행한다**는 것, 이것보다 더 생동적인 확신은 없습니다. 여기서 나는 전적으로 설명할 수 없는 것으로 남아 있는 사고와 행위의 원천을 상정할 수밖에 없어요. 내가 꼭 설명하려고 한다면 제2명제로 빠져들 수밖에 없는데, 개별적인 경우와 그 전체 범위를 고찰해 볼 때 인간 오성은 이 명제의 적용을 견뎌 낼 수 없을 겁니다.

레싱: 당신은 아우크스부르크 제국의회의 결론과 같이 아주 대담하게 표현하지만, 나는 충실한 루터교인으로 남겠습니다.[20] 그리고 당신의 스피노자가 **맑고 순수한** 정신으로 발견했다는 오류를 간직하겠습니다. "자유의지는 없다는 인간적 오류와 세속성보다 차라리 금수(禽獸)의 오류"

---

20) (옮긴이 주) 아우크스부르크 제국의회는 가톨릭과 루터교의 화해를 위해 1530년 황제 카를 5세가 아우크스부르크에서 소집한 의회. 여기서 가톨릭과 루터교가 평화 협정을 맺었다. 루터교는 신의 은총을 중시하는 개신교의 종파. 이 구절의 의미는 간단히 재단할 수 없으며 여러 가지 해석이 가능하다. 예컨대 레싱이 충실한 루터교인으로 남겠다고 한 것은, 교회 공동체를 강조하는 가톨릭보다 개인 신앙의 주관성을 강조하는 개신교를 향한 의지를 표명한 것으로 해석할 수 있다. 그러나 동시에, 신앙의 주관성을 강조하면서 초월성을 부정하고 내재성만 강조한 것으로 해석할 수도 있다. 실제로 레싱은 스피노자주의자로서 내재성의 철학을 표방한다.

를 간직하겠습니다.

나: 스피노자는 자신의 이론을 인간의 행동에 적용할 때 숙명론을 감추려고 적지 않게 핑계를 대야 했지요. 이런 모습은 특히 ≪에티카≫ 제4부와 제5부에 나타나는데, 여기서 그는 자신을 소피스트로 낮추기까지 한다고 말하고 싶습니다. 그것은 내가 주장했던 것인데, 탁월한 정신이라도 그가 모든 것을 설명하려고 하면서 명백한 개념들에 따라 운을 맞추고 그렇지 않을 경우 아무것도 허용하지 않으려고 한다면 불합리한 사실에 이를 수밖에 없습니다.

레싱: 도대체 누가 설명하려고 하지 않지요?

나: 그는 파악할 수 없는 것에 대해서는 설명하려고 하지 않으며 오히려 그것이 시작하는 한계만 알려고 하고 그것이 현존한다는 사실만 인식하려고 합니다. 내 생각에 그는 진정한 인간적 진리의 풍성한 공간을 획득한 것입니다.

레싱: 친애하는 야코비! 당신이 그러려고 하는 한계는 규정될 수 없어요. 다른 측면에서 당신은 공상, 난센스, 맹목성에 자유롭고 열린 마당을 펼칩니다.

나: 앞서 말한 한계는 규정될 수 있을 겁니다. 나는 아무런 규정도 **정립**하려고 하지 않으며 오히려 이미 정립되어 있는 것만 발견하고 이를 그대로 두려고 합니다. 공상, 난센스, 맹목성에 관한 한….

레싱: 이들은 혼란스런 개념들이 지배하는 곳에 둥지를 틀고 있어요.

나: 아니, 오히려 날조된 개념들이 지배하는 곳에 더 많이 있습니다. 가장 맹목적이고 불합리한 믿음도 바보스런 믿음이 아니라면 거기서 높은 주권을 가집니다. 확실한 설명에 한번 매료된 사람은 모든 결과를 맹목적으로 받아들입니다. 이 결과는 그가 무력화할 수 없는 추론에 따라 도출된 것입니다. 이것은 거꾸로 서서 다니는 꼴이겠지요.

(⋯) 내 판단에 따르면 연구자의 최대 공헌은 **현존재**를 드러내고 현시하는 것입니다. (⋯) 그에게 설명은 수단이며 목표를 향한 도정이고 또 그다음 것이지만 결코 최종 목적은 아닙니다. 그의 최종 목적은 설명할 수 없는 것, 즉 해소할 수 없는 것, 직접적인 것, 단순한 것입니다.

(⋯) 적절치 않은 설명 욕구가 우리로 하여금 공동의 것만을 찾게 함으로써 정작 차이 나는 것에 대해서는 주목하지 않게 되었습니다. 우리가 아주 큰 장점을 가지고 분리했던 곳에서도 항상 결합만 하려고 합니다. (⋯) 사물 자체에서 설명할 수 있는 것까지 함께 **배치하고** 함께 **걸어 둠**으로써 이를 해명하기보다 오히려 왜곡하는 가상이 영혼에 발생하기도 합니다. 이렇게 되면 스피노자가 심오하고 숭고하게 최고 유의 인식이라고 부른 것을 그 아래 있는 인식에 희

44

생시키게 됩니다. 그 결과 우리는 정신을 더욱 집중해 오로지 육체의 눈만으로 고찰하기 위해 신과 자기 자신을 주시하던 영혼의 눈을 닫게 됩니다. (…)

레싱: 아주 좋아요! 나는 모든 것을 사용할 수 있지만 이 사실을 가지고 똑같은 것을 할 수는 없어요. 전반적으로 당신의 위험한 도약이 불편하게 느껴지지는 않지만, 문제는 현재의 자리를 벗어나기 위해 어떻게 이런 방식으로 머리를 아래로 처박을 수 있는가 하는 점입니다. 이것이 문제라면 내 생각을 한번 사용해 봐요.

나: 만약 당신이 나를 앞으로 나아가게 하는 유연한 자리에 들어서려고만 한다면 도약은 저절로 됩니다.

레싱: 이러한 일에는 내 늙은 다리와 무거운 머리를 더 이상 요구해서는 안 되는 도약이 포함되어야 할 겁니다.

* * *

핵심적인 것만 전달한 이 대화에 이어 여러 갈래의 도정에서 우리를 동일한 대상으로 되돌려 놓은 다른 대화가 전개됩니다.

한번은 레싱이 미소를 띠면서 지금 외모는 아주 늙어 보여도 자기가 최고의 존재일 거라고 말했어요. 그래서 나는

[최고의 존재인 레싱에게] 내 실존[의 처분]을 부탁했습니다. 그는 그런 의미가 아니라고 대답하면서, 하인리히 모루스와 폰 헬몬트21)를 연상시키는 방식으로 설명했습니다. 내가 그를 곤란하게 하고 카발라주의의 혐의를 받게 했다고 힘주어 말했어요. 그런데 이것은 그를 적지 않게 위로했나 봅니다. 그래서 나는 **가장 본래적인 의미**에서 카발라에 대해 말할 기회를 얻었습니다. 무한자를 유한자에서 전개하고 한 존재가 다른 존재로 이행하는 것과 더불어 이 이행의 비율을 임의의 정식을 통해 풀이하는 것은 불가능하지 않느냐는 **관점**으로 말했습니다. 결론적으로 이것에 대해 무언가를 말하려는 사람은 계시로부터[이미 전제된 것으로부터] 말해야 할 것입니다. 여기서 레싱은 모든 것을 **자연적으로 간청하려고 했어요.** 나는 초자연적인 것에 대한 자연적 철학은 있을 수 없지만 그럼에도 양재[자연적인 것과 초자연적인 것]가 분명히 존재할 것이라고 했습니다.

---

21) (옮긴이 주) 두 사람은 17세기의 신지학자(神智學者)로서 전체존재와 일자존재의 합일을 주장한다.

* * *

레싱이 인격적 신성을 표상하려고 했을 때 그는 인격적 신성을 우주의 영혼으로 생각했으며, 유기체적 신체의 유비에 따라 전체 존재로 생각했습니다. 그러므로 모든 가능한 체계에 따라 전체 존재가 곧 모든 다른 영혼들인 것처럼, 이러한 전체 존재의 영혼은 **영혼으로** 존재할 것이며 다만 결과[22]에 지나지 않을 것입니다.[23] 그러나 영혼의 유기적 범위는 그 바깥에 존재하는 어떤 것과도 관계하지 않으며 이것에 의해 받아들여지고 재현될 수 없는 한에서, 이 범위의 유기적 **부분**의 유비에 따라 생각될 수는 없습니다. 그러므로 생명을 보존하기 위해 영혼의 유기적 범위는 때때로 자기 안으로 물러나야 할 것입니다. 죽음과 부활은 생명과 함께 내적으로 통합해야 합니다. 정말 우리는 이와 같은 존

---

22) (편집자 주) 이것은 라이프니츠의 체계에 입각해서도 마찬가지다. 엔텔레키는 신체를 통해(또는 신체의 개념을 통해) 비로소 **정신**이 된다.

23) (옮긴이 주) 야코비는 이 문제에서 레싱보다 헤르더의 입장에 동조한다. 헤르더는 신이 전체의 영혼이며 세계의 결과라는 주장에 비판적이다. "신, 세계의 영혼이 곧 세계의 결과인가? 영혼은 구성하는 주체가 없는 구성의 결과에 불과한가?" 헤르더는 영혼을 실체나 사고력으로 보지 않는다. 그에게 영혼은 특정한 육체의 영혼이다. 따라서 헤르더는 '세계 영혼'이라는 그림에 동의하지 않는다.

재의 내적 경제학으로부터 많은 생각을 할 수 있습니다.

레싱은 이러한 이념에 매달렸으며, 때로는 농담으로 때로는 진지하게 이 이념을 모든 경우에 적용했습니다. 레싱을 두 번째 방문했을 때 그는 나를 할버슈타트에 있는 글라임[24]의 집으로 데리고 갔습니다. 식탁에 앉았는데 갑자기 비가 내렸습니다. 글라임은 식사 후 정원을 산책할 수 없게 된 것을 아쉬워했어요. 그때 레싱이 내 옆에서 말했습니다. "야코비, 당신은 내가 행하는 것을 압니다." "아니, 레싱 당신이 내가 행하는 것을 압니다." 글라임은 우리가 바보 같은 사람들이라는 듯한 시선을 보냈어요. 우리가 머문 사흘 동안 그는 수고를 많이 했습니다. 시종 재치 있는 표정과 웃음을 자아내는 위트로, 때로는 폐부를 찌르지만 사랑스러운 농담으로 우리를 잘 대접했습니다.

* * *

무한한 존재의 최고 완전성을 변함없이 향유하는 레싱은 절대 무한한 인격적 존재의 이념과 조화를 이룰 수 없었

---

24) (편집자 주) 요한 빌헬름 루트비히 글라임(Johann Wilhelm Ludwig Gleim, 1719~1803): 시인.

습니다. 그는 이 인격적 존재의 이념을 자신에게 불안과 슬픔이 된 **무한한 지루함**의 표상과 결합했습니다.

레싱은 죽음 이후에도 인간이 인격적으로 지속된다는 생각을 믿을 수 없는 것으로 간주하지는 않았습니다. 그는 이 문제에 대해 자신의 생각 및 체계와 놀랍게 일치하는 이념들을 보네에게서 발견할 수 있었다고 합니다. (보네의 모든 작품들을 숙지하고 있었던 나는) 대화하면서 이 문제에 대한 세부 질문을 중단했습니다. 나는 레싱의 체계가 모호하지도 의심스럽지도 않았기 때문에 그때부터 보네의 책을 이러한 의도를 가지고 읽지 않았습니다. 당시 레싱이 참조했던 보네의 책은 **당신도 잘 아는** ≪철학의 발생(La Palingenesie philosophique)≫입니다. 이 책의 제1부 7절은 보네 자신도 논급했던 ≪자연에 관한 관조(Contemplation de la nature)≫ 제8편과 관련이 있는 것으로 레싱이 생각하는 이념들을 포함하고 있을 것입니다(이 책 제1권 246쪽에 다음과 같은 구절이 있습니다). "사람들은 세계가 동물보다 덜 조화롭다고 상상할 수 있을 것이다. 덧붙이자면 사람들은 세계가 동물보다 덜 유기적이라고 생각할 수 있을 것이다."

＊ ＊ ＊

함부르크로 떠나기 위해 레싱과 헤어지던 날 우리는 이
모든 대상들에 대해 많은 이야기를 진지하게 나누었습니다.
우리는 철학에 대해서는 별다른 논쟁이 없었지만 믿음에 대
해서는 견해를 달리했습니다. 나는 레싱에게 프란스 헴스
테르하위스(Frans Hemsterhuis)의 책 ≪남자와 그의 증언
(Lettre sur l'homme & ses rapports)≫, ≪소필레, 또는 철
학에 관해(Sophyle, ou de la Philosophie)≫, ≪아리스타
이오스(Aristée)≫[25]를 주었습니다. 레싱은 조각에 관해 서
술한 편지 외에는 그에 대해 아는 것이 없었습니다. ≪아리
스타이오스≫는 뮌스터 여행에서 구입한 후 아직 읽지 않
은 상태라 줄 마음이 없었습니다. 그렇지만 레싱의 요구를
이기지 못했어요.

여행에서 돌아온 뒤 레싱이 ≪아리스타이오스≫를 번
역하기로 결심했다는 말을 듣고 나는 곧바로 그에게 매료되
었습니다. 레싱은 이 책 내용이 대중적으로 포장된 것으로
서 내적인 교설을 발전시키고 설명하는 데 기여할 수 있는

---

25) (옮긴이 주) 그리스 신화의 아리스타이오스(Ἀρισταῖος)는 아폴로 신과 키
레네 요정 사이에서 태어난 존재로, 인간에게 올리브나무 활용법, 치즈 만
드는 방법, 사냥과 농사 방법을 가르쳐 주었다.

명백한 스피노자주의라고 말했습니다. (그때까지 개인적으로 알지는 못했지만) 나는 헴스테르하위스가 스피노자주의자가 아니라는 것을 확신하고 있었습니다. 디드로가 나서서 이것을 확인해 줄 수도 있을 겁니다. 그러나 레싱은 이를 반박했습니다. "책을 한번 읽어 봐요. 그러면 더 이상 의심하지 않을 겁니다. ≪남자와 그의 증언≫에서는 아직 스피노자주의가 나타나지 않는다고 할 수 있어요. 헴스테르하위스는 자신의 스피노자주의를 전적으로 알지 못했을 수 있지만 지금은 이를 분명하게 알고 있습니다."

이러한 판단을 패러독스로 보지 않기 위해서 우리는 레싱과 같이 스피노자주의에 대해 잘 알아야 합니다. ≪아리스타이오스≫가 대중적으로 포장된 글이라는 레싱의 말은 당연히 무한자와 유한자의 불가분리적 결합 및 양자의 영원한 내적 결합, 무규정적인 힘과 규정적이며 개별적인 힘의 결합, 그리고 결합 방향의 필연적 모순에 대한 이론의 전개로 간주할 수 있습니다. 이 책에 들어 있는 다른 내용도 스피노자주의자에 맞서는 것은 아닐 겁니다. 그럼에도 나는 헴스테르하위스가 분명 스피노자주의자가 아니며 오히려 중요한 문제에서 스피노자주의에 전적으로 대립한다는 것을 진지하게 입증해야 합니다.

레싱은 그때까지 헴스테르하위스의 논문 < 욕망론(sur

les désirs)〉을 읽지 않았어요. 이 논문은 내가 집에 없을 때 소포로 도착했습니다. 레싱은 자신의 참을 수 없는 호기심 때문에 봉투를 뜯을 때까지 흥분해 있었다고 썼습니다. 그리고 나머지 내용을 카셀에 머물고 있는 내게 부쳤습니다. "내게 특별한 만족을 준 글에 대해 다음에는 더 많은 것을 말할 겁니다."

레싱은 영면(1781. 2. 15)하기 얼마 전에 내게 다음과 같은 편지를 썼습니다. "당신의 ≪볼데마르(Woldemar)≫를 읽으면서 사랑에 대한 헴스테르하위스의 체계에 관해 내 생각을 전해야겠다고 생각했습니다. 당신은 내 생각과 헴스테르하위스의 체계가 정확히 어떻게 연관되는지 모를 것입니다. 이 체계는 내가 볼 때 애당초 아무것도 설명하지 않으며 기껏해야 분석가들과 논하는 것 같고 다른 사람들을 위한 대체 정식 같아 보이는데, 이를 통해 나는 뭔가 분명해졌다기보다 더욱 혼란스러워졌습니다. 그러나 내가 **의도하는** 것을 지금 쓸 수 있을까요? 나는 내가 의도하는 것을 단 한 번도 못 했습니다.

* * *

레싱의 생각이 지금까지 설명된 방식으로 내게 알려지

기 전에 이미, 그리고 여러 증거들에 근거하는 분명한 확신
에 따르면 레싱은 독실한 이신론자입니다. 특히 ≪인류교
육≫ 73절에서 그가 설명하는 인류는 정말 이해가 안 되었
습니다.[26] 누가 이 구절을 스피노자의 이념에 따르지 않고
분명하게 설명할 수 있을까요. 스피노자의 이념을 따르면
주해는 아주 간단합니다. 스피노자의 신은 모든 현실 가운
데 있는 현실성의 **순수한** 원리이며, 개인성이 전혀 없이 모
든 현존 가운데 있는 **존재의 순수한** 원리이고 그 자체가 전
적으로 무한합니다. 이러한 신의 통일성은 구별될 수 없는
것의 동일성에 기인하며 그렇기 때문에 다수성의 방식을 배
제하지 않습니다. **단순히** 이 선험적 통일성에서 볼 때에 한
해서, 신성은 특정한 개별자 가운데서만 표현될 수 있는 현
실성 없이 절대적으로 존재합니다. 그러므로 이 현실성은
그 개념과 함께 소산적 자연(natura naturata, 영원성의 아
들)에 기인합니다. 이와 마찬가지로 앞에서 말한 선험적 통
일성, **가능성, 무한자의 본질과 실체**는 그 개념과 함께 능산

---

26) (옮긴이 주) 73절에서 인간 및 인류와 관련된 내용은 다음과 같다. "거울에
   비친 나의 상(像)은 나에 대한 공허한 표상이다. 왜냐하면 이 상은 거울 표
   면에 비친 나의 상에 불과하기 때문이다. 그러나 이 상이 나 자신이 가진
   모든 것을 예외 없이 지니고 있다면 이것도 여전히 공허한 표상인가? 아니
   면 나 자신에 대한 진정한 이중화인가?" 야코비는 표상을 통해 인간을 이
   해하려고 하는 레싱의 계몽주의적 입장을 비판하고 있다.

적 자연(natura naturans, 아버지)에 기인합니다.

스피노자주의의 정신에 대해 앞에서 설명하려고 애썼기 때문에 이를 더 전개하는 것은 불필요합니다.

수많은 그림들과 같이 이렇게 거론한 표상들이 다소 혼란스러운 것은 인간에게 태고부터 익숙한 사실이며, 당신도 이를 잘 알 것입니다. 사실 한 개념이 다른 개념에 복종하는 것처럼 언어는 여기서 개념에 복종합니다.

* * *

레싱이 전일성을 자기 신학과 철학의 총괄 개념으로 자주 강조했던 것에 대해서는 많은 사람들이 확인해 줄 수 있습니다. 그는 기회가 있을 때마다 전일성이 자신의 확실한 좌우명이라고 말했고 또 글로 표현했습니다. 글라임의 정원에서도 레싱은 내 좌우명 밑에 친필로 전일성을 자신의 좌우명으로 기록했습니다.

여기에 속하는 많은 것은 루케시니[27]를 통해 알려졌을 수 있습니다. 그는 볼펜뷔텔에 오래 머물지 않았습니다. 레

---

27) (옮긴이 주) 지롤라모 마르케세 루케시니(Girolamo Marchese Lucchesini, 1751~1825): 1779년부터 프리드리히 대제의 사서였으며 나중에 외교관과 장관이 되었다.

싱은 그를 아주 명석한 사람이라고 유난히 칭찬했어요.

* * *

앞서 서술한 것은 어법과 표현의 의도를 내가 생생하게 기억하는 한에서 내가 말할 수 있는 마지막 부분이 아닙니다.[28] 그래서 나는 이야기하는 중에도 최대한 절제하면서 레싱의 화법을 소개한 것입니다. 사람들이 만약 하루 종일 이야기하고 아주 상이한 주제를 가지고 대화한다면 상세한 내용은 잃을 수밖에 없습니다. 우리가 다룬 이 문제도 마찬가지입니다. 언젠가 **레싱이 세계와 구별되는 사물의 원인을 믿지 않는다거나** 그가 **스피노자주의자**라는 사실을 내가 아주 결정적으로 알게 되었기 때문에, 그다음에 그가 이 문제에 대해 이런저런 새로운 방식으로 말했던 것은 다른 문제들보다 더 깊이 각인되었습니다. 그의 말을 기억하려고 한 것은 뜻대로 안 되었을 수 있지만 레싱이 스피노자주의자였다는 사실은 내게 아주 분명했습니다. 내가 지적 호기심을 갖고 있는 정반대의 것을 그가 주장했더라면, 나는 아마도

---

28) (옮긴이 주) 레싱과 나눈 대화 앞부분에서 다룬 내용이므로 그것을 분명히 기억한다는 의미.

모든 의미 있는 말에 대해 해명했을 겁니다.

* * *

　이로써 영원한 만족이 내게 요구하는 많은 문제는 해결했을 것입니다. 다만 몇 가지 특별한 물음에 간단히 답하려고 합니다.

　나는 이러한 대답을 영원한 만족이라고 인정해야 합니다. 이 특별한 물음들은 내가 나쁜 것에 대한 무지를 생각하지 않는다는 사실을 전제하기 때문에 약간 놀랍습니다. 내가 정말 이러한 무지에 빠졌을 수 있습니다. 그렇지만 이것에 대해 당신은 어떤 외적인 것을 통해 혐의를 두거나 이를 아무 생각 없이 드러내지 않았습니다.

　당신은 이렇게 묻습니다. "레싱이 무미건조한 말로 이렇게 말했을까요? '나는 스피노자의 체계를 옳은 것으로, 그리고 근거가 확실한 것으로 간주한다.' 그것은 어떤 체계입니까? ≪신정론≫에서 다룬 체계입니까? ≪데카르트 철학의 원리≫에서 주장한 체계입니까? 루도비쿠스 마이어가 스피노자 사후 그의 이름으로 세상에 알린 체계입니까?"

　오로지 스피노자에 대해서만 아는 사람도 그가 증명한 데카르트 이론에 대한 이야기는 알고 있으며 이것이 그와

아무런 관계가 없다는 사실도 알고 있습니다.[29]

　루도비쿠스 마이어가 스피노자가 죽은 뒤에 알렸던 스피노자의 체계에 대해 나는 아무것도 모릅니다. ≪유고≫ 자체가 이 체계를 의미했어야 할 것입니다. 아니면 ≪데카르트 철학의 원리≫ 서문만이 스피노자의 체계일 것입니다. 그런데 레싱은 나를 이렇게 조롱했어요. "이 서문에 들어 있는 스피노자주의의 해석을 내가 당신에게 신앙이라는 짐으로 부과했나요?"—이건 너무 사악합니다!—그러므로 ≪유고≫가 바로 스피노자의 체계입니다. 그런데 ≪유고≫가 있다면 당신이 왜 ≪신정론≫을 어떻게든 그것에 대립시키려고 했는지 이해할 수 없어요. 따라서 ≪신정론≫이 스피노자의 이론 체계에 대해 파악하고 있는 것은 그가 남긴 책들과 전적으로 일치합니다. 그리고 스피노자는 생을 마감할 때까지 명시적으로, [자신이 발을 딛고 있는] 장소보다 데카르트와 더 많이 관계하고 있습니다.

　당신은 계속해서 다음과 같이 물었습니다. "과연 레싱은 벨의 오해와 같은 체계를 상정했는가, 아니면 다른 사람들은 이 체계를 어떻게 더 잘 설명할 수 있었는가?"

---

29) ≪데카르트 철학의 원리≫에는 ≪신정론≫과 ≪에티카≫에서 정립된 이론 체계와 함께 갈 수 없는 명제들이 들어 있다. 양자는 대립의 가능성을 지니고 있다.

이해하기와 오해하지 않기는 다릅니다. 결론에 관한 한 벨은 스피노자의 체계를 오해하지 않았어요. 다만 그가 [저자의 입장으로] **충분히 되돌아가서** 이해하지 않았으며 결론의 근거를 저자의 의미에 따라 **통찰하지** 않았다는 것을 말할 수 있을 뿐입니다. 만약 벨이 당신의 비판에 따라 스피노자를 오해한 것이라면 라이프니츠는 동일한 의미로 스피노자를 좀 더 나쁘게 오해했습니다. 벨이 주석 N의 첫 줄에 설명한 내용을 라이프니츠가 ≪신정론≫ 서론 31절 이하 및 173, 374, 393쪽에서 스피노자론에 대해 언급한 것과 비교해 보십시오. 그러나 라이프니츠와 벨이 스피노자의 체계를 오해하지 않았다면 실제로는 이 체계를 더 잘 설명했다고 생각하거나 이를 왜곡한 이들이 오해한 것입니다. 이렇게 스피노자를 오해한 이들은 나를 따르는 사람들이 아니며, [그렇다고 해서] 이들이 레싱을 따르는 사람도 아니라고 생각합니다.

"친애하는 형제, 심히 야유 받은 스피노자가…"라는 말은 레싱이 내게 건넨 말이 아닙니다.

고매한 멘델스존, 내 불평이 아주 건조하고 신랄했다는 것을 너무 나쁘게 해석하지 않기 바랍니다. 내가 존경하는 당신 같은 사람에게 맞서는 이러한 논조는 예를 갖춘 유일한 톤입니다.

(⋯)

* * *

프로메테우스30)

제우스, 당신의 하늘을 구름 안개로 덮으라
어린이와 같이
엉겅퀴 꺾기를 연습하고
참나무와 산꼭대기에 오르라!
그리고 나로 하여금
대지 위에 서게 하고
당신이 짓지 않은 내 움막을
당신이 시샘하는 내 화덕과 염열을 그냥 두라!

나는 태양 아래 당신 신들보다 더 불쌍한 존재를 알지 못
한다!

---

30) (편집자 주) 괴테, ≪나의 삶에서. 시와 진리(Aus meinem Leben. Dich-
tung und Wahrheit)≫, Bd. 3, Tübingen, 1814, 476~478.

당신은 희생 제물과 기도의 숨결로 겨우 연명하며
당신의 존엄은 아이들과 거지로부터 나온 것이 아니라
희망찬 바보들에게서 나온 것이다.

내가 어린아이였을 때는 어디서 나가고 어디서 들어오
는지 알지 못했다.
그것을 알게 되었을 때
길 잃은 내 눈은 태양을 향해 돌아왔으며
귀는 내 탄식을 들었으며
내 마음은 압제받는 자에게 자비를 베풀었다!

타이탄의 자만에 맞서 누가 나를 도왔는가?
죽음과 노예 상태에서 누가 나를 구했는가?

당신이 모든 것을 완수한 건 아니다.
그것은 거룩하게 빛나는 마음이 했다!
이 빛나는 마음은 젊고 또 착하다.
천상에서 잠자고 있는 자에게
구원의 감사를 돌리는
속임을 당한 마음

내가 당신을 숭배하는가? 무엇을 위해서?
당신은 짐 진 자의 고통을 감해 주었는가?
두려움에 떠는 자의 눈물을 닦아 주었는가?
전능한 시간과
영원한 운명은
나를 사람으로 빚지 않았다.
내 주인과 당신의 지배자가 나를 사람으로 빚었는가?

당신은 망상한다.
모든 유아기의 아침이
꽃피지 않으며 꿈이 영글지 않기 때문에
내가 삶을 증오하고
황무지로 도망한다고

나 여기 앉아
내 형상을 따라 사람을 빚는다.
나를 닮은 종족을
고통 받고 울며
만족하고 기뻐하는 종족을
이 사람은 나처럼 당신을 숭배하지 않는다!

* * *

이 편지가 역동적으로 시작했는데도 고결한 수신자는
이를 아주 관대하게 받았고 더 나아가 내 용서가 필요하다
고 생각했다.[31] 내 인격과 글에 대해 아첨하는 이런 겸손한
태도는 편지를 받은 직후 우리 둘이 다 알고 있는 여자 친구
를 통해 알려졌다. 그가 만약 여유로운 시간을 가지면서 다
시 한 번 문제에 집중할 수 있었더라면, 레싱의 성격에 대해
집필하기 전에 그리고 내 글에 들어 있는 이런저런 문제들
에 대해 설명을 요구하기 전에 답했을 것이다. 내가 스케치
한 대화를 하는 방식은 나중에 나와 내 여자 친구, 그리고
레싱의 친구이자 우리 모두가 사랑한 사람에 의해 좌우될
수밖에 없었다. 멘델스존의 입장은 나름대로 분명했다. 사
변을 애호하는 사람들에게 충실하게 경고하고 이들이 아무

---

31) (옮긴이 주) 야코비는 여자 친구 에밀리엔을 통해 멘델스존에게 편지를 보
냈는데 그녀로부터 멘델스존의 근황을 듣게 된다. 멘델스존은 자신이 야
코비를 잘못 이해한 것에 대해 그에게 용서를 구할 준비가 되어 있다는 것
이다. "멘델스존은 당신을 오해한 것을 솔직하게 인정합니다. (…) 당신
은 멘델스존의 질문에 충분하게 답했기 때문에 그에 대해 불쾌하게 생각
해도 괜찮을 것입니다. 그는 당신에게 용서를 구할 준비가 되어 있습니
다." ≪스피노자 학설≫ 원문 54쪽 각주 참조.

런 단서 없이 사변에 내맡겨질 때 위험에 빠지는 **다채로운 사례들**을 제시하는 것은 그 자체가 이들에게 아무리 필요하고 유익하다 하더라도 강요해서는 안 된다는 것이다. "훌륭한 사람은 이렇게 쓰고 있습니다. 이렇게 되면 비철학자는 즐거워하거나 슬픔에 빠질 수 있으며 우리는 아무런 도움도 받지 못합니다. 우리는 파당을 만들지 않으며 사람을 구하지 않으며 유혹하지도 않을 것입니다. 만약 사람을 구하고 파당을 만들려고 한다면 우리는 우리 자신이 맹세한 깃발의 밀고자가 될 것입니다."

멘델스존에게서 아무런 연락 없이 7개월이 지나갔다. 이 기간에 내게는 힘든 운명이 닥쳤기 때문에 이 문제에 대해 별로 생각할 수 없었으며, 그래서 활발하지 못했던 편지 교환마저 완전히 끊겼다. 그사이에 내 친구 헴스테르하위스의 스피노자에 대한 판단에 자극받아 스피노자를 ≪아리스타이오스≫의 반대자로 논쟁에 끌어들였다. 나는 이 대화를 같은 해 6월 84회에 걸쳐 기획했지만 이를 편지에 담아 헴스테르하위스에게 보내는 것은 몇 주씩 연기했다.

이 무렵 여자 친구에게 편지를 받았다. 멘델스존이 건강과 시간이 허락하는 한 이 여름에 스피노자주의자 또는 그가 즐겨 부르는 바와 같이 **전일성론자**와의 관계를 다루기 위해 레싱의 성격에 대한 집필을 당분간 중단하기로 결심했다는 소식이었다. 그녀는 내 논문이 꼭 필요한 작업의 출발점이 되기를 빌어 주었다. 왜냐하면 이 시대의 여러 오류들이 강한 손이 주도하는 반박할 수 없는 **순수이성**의 빛에 힘입어 흩어지는 일이 너무나도 필요하기 때문이라는 것이다.

나는 멘델스존의 결심에 대해 아주 기뻐하면서 답장을 보냈다. 연이어 헴스테르하위스에게 편지를 보냈고 이 모든 문제에서 완전히 머리를 비웠다.

8월 말 아주 약해진 건강을 회복하기 위해, 그리고 너무 사랑스러우며 귀한 두 사람, 갈리친의 왕비와 퓌르스텐베르크의 장관과 만나 다시금 삶의 기쁨을 얻기 위해 호프가이스마르로 여행했다. 여기서 나는 멘델스존의 편지를 보고 소스라치게 놀랐다. 이 편지는 내 철학을 반박하는 회상을 담고 있었던 것이다. 소포는 내가 여행을 떠난 직후 뒤셀도르프에 도착했고, 여자 친구가 개봉했다.

멘델스존은 전에 했던 사과를 편지에서 반복했다. 그리고 스피노자주의에 맞서는 자신의 의도를 다음과 같이 폭로했다. "나는 당분간 레싱에 대한 집필을 중단하고 먼저 스피노자주의에 대해 쓰기로 했기 때문에, 당신의 생각을 올바로 파악하고, **당신이 이 세계 양식의 체계를 지지하는 데 애써 사용한** 근거들을 적절하게 통찰하는 일이 내게 얼마나 중요한지 당신은 잘 알 것입니다. 그래서 동봉한 논문에 내 여러 의문과 기억들을 감히 제시합니다. **당신은 기사처럼 장갑을 던졌고**, 나는 그 장갑을 받았습니다. 이제 우리 둘이 높이 평가하는 여성들이 보는 가운데 기사도에 따라 우리의 형이상학적 명예 투쟁을 끝냅시다."

모제스 멘델스존 선생이 보내온 편지에 답함

(…) 우리가 논쟁하지 않고 최소한 의견 접근을 하려고 한다면 그 어떤 문제보다도 스피노자 학설을 분명하게 설명해야 합니다. 당신이 보내온 회상을 읽은 후 나는 헴스테르하위스에게 보낸 내 편지의 사본이 이에 대한 최선의 대답이라고 생각했습니다. 여기서 이 편지의 핵심을 서술해 보겠습니다.

* * *

1. 모든 생성의 토대에는 생성되지 **않은** 존재가 놓여 있어야 한다. 발생하는 모든 존재의 토대에는 발생하지 않은 존재가 놓여 있어야 하며, 모든 가변적 존재의 토대에는 불변적 영원자가 놓여 있어야 한다.

2. **생성**은 **존재**와 마찬가지로 형성된 것이거나 이미 시작된 것일 수 없다. 또는 자기 내적 존립자, 영원불변자, 가변자(可變者) 속에서 지속하는 자가 만약 가변자 없이 홀로 존재한다면, 자기 안에서나 밖에서나 결코 생성을 산출하지 못할 것이다. 왜냐하면 양 측면은 똑같이 무로부터의 발생을 전제하기 때문이다.

66

3. 영원 전부터 가변자는 불변자 가운데 존재했으며, 시간적 존재는 영원자 가운데 존재했고, 유한자는 무한자 가운데 존재했다. 유한자의 시작을 받아들인 자는 무로부터의 발생을 받아들인 것이다.[32]

4. 유한자가 영원 전부터 무한자 가운데 존재했다면, 그것은 무한자 바깥에 있을 수 없다. 만약 유한자가 무한자 바깥에 존재한다면, 그것은 그 자체로 존립하는 존재이거나, 이미 존립하는 것에서 아무것도 산출되지 않았을 것이기 때문이다.

5. 이미 존립하는 것에서 아무것도 산출되지 않았다면 ─ 무한한 것에서 아무것도 산출하지 않았을 ─ 힘이나 규정도 이와 마찬가지로 무에서 **발생**해야 할 것이다. 왜냐하면 무한자, 영원자, 불변자 모든 것은 무한하고 불변하고 영원히 현실적이기 때문이다. 무한한 존재를 처음으로 출발시킨 행위는 영원성에 입각해 시작할 수 있었을 것이며, 이것에 덧붙는 규정은 다름 아니라 무로부터 산출할 수 있을 것이다(스피노자, ≪에티카≫, P. I, Prop. XXVIII).

---

32) (옮긴이 주) 가변자(변할 수 있는 존재)가 현상적 존재나 시간적 존재를 뜻한다면, 불변자(변하지 않는 존재)는 초월적 세계나 영원한 세계를 가리킨다. 가변자는 생성과 소멸을 피할 수 없는 유한한 존재인 반면, 불변자는 생성 및 소멸과 무관하며 이를 넘어서 있는 무한한 존재다.

6. 그러므로 유한자는 다음과 같은 방식으로 무한자 가운데 존재한다. 모든 유한한 것의 총체는 모든 순간에 영원과 과거와 미래 전체를 동일한 방식으로 포함하는 것과 같이 무한한 것 그 자체와 하나다.

7. 모든 유한한 것의 총체는 하나의 무한자를 형성하는 유한한 것들의 불합리한 조합이 아니다. 오히려 그것은 가장 엄밀한 의미에 따르는 전체다. 즉, 이 전체의 부분은 오로지 그 가운데 있으며 그 이후에 있고 오로지 그 가운데서 그 이후에만 생각할 수 있다.

8. 그러므로 사물 속에서 자연에 따라 앞서 존재하는 것은 시간에 따르지 않는다. 물체의 연장(延長)은 그것이 비록 이런저런 방식 없이 독자적으로 자연에 앞서 존재할 수 없다 하더라도, 즉 시간에 따라 자연에 앞설 수 없으며 비이성적으로 자연에 앞설 수 없다 하더라도 본성상 [자연에 따라] 자연의 이런저런 방식에 선행한다. 사고도 마찬가지다. 사고는 본성상 이런저런 표상에 선행하지만 그럼에도 특정한 방식에 근거해서, 즉 시간에 따라서 이런저런 표상과 함께 현실적으로 존재할 수 있다.

9. 다음 사례는 사실(Sache)을 더 잘 설명할 것이며 우리를 사실에 대한 명백한 개념으로 인도할 것이다.

물체 연장의 모든 방식이 소위 네 가지 원소인 물, 흙, 공기, 불로 환원될 수 있으며 모두가 이 네 가지 원소에서 종결된다고 가정해 보자. 이제 물의 물체적 연장은 그것이 불이라는 사실 없이 생각할 수 있으며, 불의 물체적 연장은 그것이 흙이라는 사실 없이 생각할 수 있고, 흙의 물체적 연장은 그것이 공기라는 사실 없이 생각할 수 있게 되는 등 여러 생각의 조합이 생겨날 수 있다. 그러나 이러한 방식 가운데 그 어떤 것도 물체적 연장을 **전제하지** 않고는 독자적으로 생각할 수 없다. 그러므로 물체적 연장은 이러한 각각의 원소 가운데 있고, 자연에 따르며, 제일자이며, 본래적 실재이고, 실체적인 것이며, 능산적 자연이다.

10. 제일자, 즉 오로지 연장을 갖는 존재(Ding)나 생각하는 존재에게만 제일자가 아니라 한 존재에게나 다른 존재에게 마찬가지로 제일자이며 모든 존재 가운데서 동일한 방식으로 제일자인 것은 근원-**존재**이며 편재적 실제자이고 불변적 실제자다. 이 근원-존재 자체는 성질(Eigenschaft)일 수 없으며, 이 존재와 관계하는 다른 모든 것만이 이 존재가 갖는 속성이다. 스피노자는 모든 존재가 갖는 유일하고 무한한 이 존재(dieses einzige unendliche Wesen aller Wesen)를 신이나 **실체**로 부른다.

11. 그러므로 이 신은 존재(Ding)의 어떤 한 방식(Art)에 속하지 않으며, 분리된 존재나 개별적인 존재, 상이한 존재

가 아니다. 따라서 개별 존재들을 구별하는 규정들은 신에게 귀속될 수 없다. 특수하고 고유한 연장, 모습, 빛깔이 신에게 귀속될 수 없는 것처럼 고유하고 특수한 사고와 의식도 신에게 귀속될 수 없다. 또는 단순한 근원 소재, **순수 보편적** 실체가 아닌 것으로서 이와 다른 방식으로 부를 수 있는 것도 신에게 귀속될 수 없다.

12. 규정은 부정이다. 규정은 그 자신의 실존에 따라서 사물에 속하지 않는다. 그러므로 개별 존재는 그것이 임의의 규정적 방식으로만 존재하는 한에서 비존재(non-entia)다. 이에 반해 무규정적이고 무한한 존재는 유일하고 진정한 실재적 존재(ens reale)다. 실재적 존재는 곧 모든 존재이며, 이 밖에는 어떤 존재도 없다.[33]

13. 지금 여기서 등장하는 신의 오성에 관한 난점이 자명해지고 모든 애매성이 상실되는 사실을 더 분명히 하기 위해서, 우리는 스피노자가 자신의 학문 체계를 둘러싸고 있는 복면을 좋다고 생각했던, 베일에 싸여 있는 전문 용어를 그 확실한 종착점에서 파악하려고 하며 이를 통해 이 전문 용어의 베일을 제거하려고 한다.

---

33) 스피노자, < 지성개선론(Tractatus de intellectus emendatione) > , ≪유고집(Opera posthuma)≫, 381.

14. 스피노자에 따르면 무한한 연장과 무한한 사고는 신의 성질이다. 이 둘은 함께 하나의 불가분리적 본질을 형성한다. 우리가 신을 이 두 성질 가운데 어떤 성질로 고찰하든 문제가 되지 않는다. 왜냐하면 개념의 질서와 연관은 존재들의 질서 및 연관과 동일하기 때문이며, 신의 무한한 속성으로부터 **형식적으로** 귀결되는 것도 신의 속성으로부터 **객관적으로** 귀결되어야 하고, 그 반대도 마찬가지이기 때문이다.

15. 가변적인 개별 물체는 **무한한 연장 가운데서** 이루어지는 운동과 정지의 **존재 방식**(Modi)이다.

16. 운동과 정지는 무한한 연장의 직접적 존재 방식 자체이며, 이 무한한 연장과 마찬가지로 무한하고 불변적이며 영원하다. 이 두 존재 방식은 함께 모든 가능한 물체적 형태 및 힘의 본질적 형식을 형성한다. 이 둘은 이 형태와 힘의 **아프리오리**[이 형태와 힘에 앞서 애당초 존재하는 겟]다.

17. 무한한 연장의 이 두 직접적 존재 방식에는 무한한 절대 사고의 두 직접적 존재 방식이 관계하는데, 그것은 의지와 오성이다. 의지와 오성은 운동과 정지가 형식적으로 포함하고 있는 것을 **객관적으로** 포함한다. 그리고 의지와 오성은 사려 깊게 모든 개별 사물에 선행한다. 즉, 연장된 자연과 생각하는 자연에 선행하는 것이다.

18. 무한한 의지와 무한한 오성에 앞서 무한한 절대 사고가 존재한다. 무한한 의지와 무한한 오성이 **소산적 자연**에 귀속하듯이, 무한한 절대 사고는 오로지 **능산적 자연**에 귀속한다.

19. **능산적 자연, 즉 신은 그가 자유로운 원인 내지 무한한 실체로 고찰되는 한에서**(양상을 낳는 능산적 자연이 그 자체로 참으로 고찰되는 한에서), 무한한 것이든 유한한 것이든 상관없이 의지나 오성을 갖지 않는다.

20. 이런 상이한 존재들이 어떻게 서로에게 침투할 수 있으며, 이와 동시에 그리고 이러함에도, 이 존재들이 **자연에 따라서** 서로가 앞서고 뒤서고 할 수 있는지에 대해서는, 우리가 지금까지 말한 것에 비추어 볼 때 새로운 설명을 요구하지 않는다.

21. 이제 다음 사실도 아주 분명하고 충분하게 입증된다. 개별 물체 바깥에서는 특수한 무한 연장에 병행해서 특수한 무한 운동과 무한 정지가 존재할 수 없다. 스피노자의 원칙에 따르면 이와 마찬가지로 사고하는 유한자 바깥에서는 특수한 무한 절대 사고에 병행해서 특수한 무한 의지와 무한 오성이 존재할 수 없다.

22. 더 이상 의심의 그림자나 가능한 심급이 남지 않게 하기 위해서, 우리는 유한한 오성에 대한 스피노자의 이론

을 좀 더 다루려고 한다. 내가 전반적으로, 특히 여기서 전제하는 것은 헴스테르하위스에게 보낸 내 편지인데, 그 이유는 스피노자 이론의 내용만을 제시하려고 했던 이 편지에서 많은 문제에 대해 이해하기 쉬운 방식으로 쓸 수 있었기 때문이다.

23. 유한한 오성 또는 무한한 절대 사고의 양태적 변용(modificatum modificatione)은 실제로 눈앞에 있는 개별 존재의 개념에서 나온다.

24. 개념이 개별 존재의 원인일 수 없는 것과 마찬가지로, 개별 존재는 자기 개념의 원인일 수 없다. 또는 연장이 사고에서 유래할 수 없는 것과 마찬가지로, 사고가 연장에서 유래할 수 없다. 연장과 사고는 전적으로 상이한 본질이지만 오로지 하나의 존재 가운데 있다. 말하자면 연장과 사고는 동일한 존재, 즉 상이한 성질에서만 관찰되는 동일한 존재(unum et idem)다.

25. 절대 사고는 보편적 존재, 절대 탁월한 존재(kat'-exochen) 또는 실체 속에 있는 순수 직접적 절대 의식이다.

26. 우리가 사고 바깥에서 실체의 성질에 관해 갖는 것은 물체의 연장에 대한 유일한 표상밖에 없으므로, 우리도 이 사실만을 견지하면서 다음과 같이 말한다. 의식과 연장은 분리할 수 없게 결합해 있으므로, 연장에서 일어나는 모든

것은 의식에서도 일어나야 한다.

27. 우리는 사실에 대한 의식을 사실의 개념으로 부른다. 따라서 이 개념은 직접적 개념에 불과할 수 있다.

28. 직접적 개념은 내적으로, 그 자체로만 파악할 경우, 몰(沒)표상적이다.

29. 표상은 매개적 개념에서 나오며 매개적 대상을 요구한다. 다시 말해서 표상이 있는 곳에는 상호 관계하는 다수의 개별 존재들이 있어야 한다. 표상이 있는 곳에는 내적인 것과 더불어 외적인 것도 표현되어야 한다.

30. 우리는 실제로 눈앞에 있는 개별 존재의 비매개적, 직접적 개념을 동일한 존재의 정신과 영혼(mens)으로 부른다. 이 개념의 비매개적, 직접적 대상인 개별 존재 자체를 육체(Leib)로 부른다.

31. 이 육체 속에서 영혼은 다른 모든 것, 즉 자신이 육체 바깥에서 인지하는 것을 지각한다. 영혼은 이것을 육체가 받아들인 특성(Beschaffenheit)의 개념을 매개로 해서 인지한다. 그러므로 영혼은 육체가 받아들일 수 없는 그 어떤 특성도 인지할 수 없다.

32. 이와 반대로 영혼은 자신의 육체도 인지할 수 없다. 영혼은 육체가 현존하는지 알지 못한다. 영혼의 자기 인식도 육체가 자기 밖에 현존하는 존재에 관해 받아들인 특성

을 매개로 이루어지며 이 존재의 개념을 매개로 이루어진다. 왜냐하면 육체는 특정한 방식으로 규정된 개별 존재이기 때문이다. 말하자면 오로지 개별 사물들에 따라서, 이들과 함께, 이들 가운데서 현존하게 되며, 오로지 개별 사물들에 따라서, 이들과 함께, 이들 가운데서 자신의 현존을 유지할 수 있는 개별 존재이기 때문이다. 그러므로 육체의 내면은 외면 없이 존재할 수 없다. 즉, 육체는 외부의 다른 존재들에 대한 다양한 관계 없이, 그리고 이들 존재가 자신과 맺는 다양한 관계 없이, 다시 말해서 특성의 지속적 변화 없이 현존할 수 없으며 실제로 눈앞에 있다고 생각할 수 없다.

33. 육체의 직접적 개념에 **대한** 직접적 개념은 **영혼의** 의식을 형성한다. 이 의식은 영혼이 육체와 통일되어 있는 것과 똑같은 방식으로 영혼과 통일되어 있다. 말하자면 개념 자체가 개별 존재들의 어떤 특정한 형식을 표현하는 것처럼, 영혼의 의식은 개념의 어떤 특정한 형식을 표현한다. 그러나 개별 존재, 이것의 개념, 이 개념에 대한 개념은 전적으로 동일한 것으로서 오로지 상이한 성질과 특성에서만 관찰된다.

34. 영혼은 곧 육체의 직접적 개념이며 육체와 동일한 존재이므로, 영혼의 탁월성도 그 육체의 탁월성과 결코 다를 수 없다. 오성의 능력은 표상에 따르거나 객관적으로 볼 때

곧 신체(Körper)의 능력이다. 이와 동일한 방식으로 의지의 결단은 오로지 신체의 규정이다. 또한 영혼의 본질은 다름 아니라 그 객관적 신체의 본질이다.

35. 모든 개별 존재는 무한자에 이르기까지 다른 개별 존재들을 전제한다. 그리고 그 어떤 개별 존재도 무한자로부터 직접적으로 유래할 수 없다. 개념의 질서와 연관은 존재들의 질서 및 연관과 동일하므로, 개별 존재들의 **개념**도 신으로부터 직접적으로 유래할 수 없으며, 오히려 모든 개별적인 물리적 존재가 현존에 이르는 것과 동일한 방식을 거쳐야 하며, [이로써] 규정적인 물리적 존재와 동시에 현전할 수 있다.

36. 개별 존재들은 매개적으로 무한자에서 유래한다. 또는 개별 존재들은 직접적 촉발이나 신의 본질 특성에 의해 신으로부터 산출된다. 그러나 이 개별 존재들은 신과 영원히 무한히 동일하다. 신은 자기 자신의 원인인 것과 똑같은 방식으로 개별 존재들의 원인이다. 그러므로 개별 존재들은 잠정적이고 유한하고 무상한 방식이 아니라 **오로지 영원하고 무한한 방식으로 (직접적으로)** 신에서 유래한다. 왜냐하면 개별 존재들이 유래하는 방식은 개별자가 다른 개별자로부터 나오는 방식이기 때문이다. 개별자가 다른 개별자로부터 유래하는 이유는 개별 존재들이 서로를 산출하고 파

괴하기 때문이며, 바로 이러한 이유로 개별 존재들은 그 **영원한** 현존에서 불변성을 지속할 수 없기 때문이다.

37. 이와 동일한 것이 개별 존재들의 **개념**에 유효하다. 더 정확히 말하자면 이 개념들은, 물체적 형태들이 무한한 운동과 정지를 매개로 무한한 연장 가운데 **모두 동시에, 그리고 항상 실제적으로 현전하는** 것과 다른 방식으로, 신으로부터 산출되지 않으며 무한한 오성 가운데 존재하지 않는다(스피노자, ≪에티카≫, P. II, Prop. VIII 참조).

38. 신이 무한한 한, 실제적으로 현전하는(vorhanden) 또는 전적으로 규정적인 존재들에 대한 어떤 개념도 신 안에 있을 수 없다. 오히려 이 개념은 이러한 개별 존재가 신 안에서 발생하고 그 개별 존재의 개념이 신과 함께 발생함으로써만 현전하며 신에 의해 산출된다. 다시 말하면, 이 개념은 한 번만 개별 존재들과 동시에 현전하며, 개별 존재 바깥에서는 결코 신 안에 현전하지 않는다. 이 개념은 개별 사물들과 동시에 현전하지 않으며, 개별 사물 이전에도 이후에도 현전하지 않는다(스피노자, ≪에티카≫, P. II, Prop. IX 참조).

39. 모든 개별 존재는 자기 자신을 전제할 뿐 아니라 서로 전제하며 서로에게 관계한다. 나머지 모든 존재들이 없는 하나의 존재나 이 하나의 존재가 없는 나머지 모든 존재

들은 존재할 수 없으며 생각할 수도 없다. 즉, 모든 개별 존재들이 함께 불가분리적 전체를 형성하는 것이다. 또는 더 정확하게 **본래적으로** 말한다면 다음과 같다. **모든 개별 존재들은 절대로 나눌 수 없는 하나의 무한한 존재 가운데 있으며, 이와 다른 방식으로 현존하거나 공존할 수 없다.**

40. 그 가운데 물체들이 현존하며 공존하는 절대로 나눌 수 없는 본질은 무한하고 절대적인 연장이다.

41. 그 가운데 모든 개념들이 현존하며 공존하는 절대로 나눌 수 없는 본질은 무한하고 절대적인 사고다.

42. 연장과 사고는 신의 본질에 속하며 신의 본질에서 파악된다. 그러므로 신은 이 둘을 분리해 연장된 물체적 존재 또는 사고하는 존재로 불릴 수 없다. 오히려 동일한 실체가 연장되어 있는 동시에 사고한다. 이를 다른 말로 하면 다음과 같다. 특수하고 상이한 **실재**는, 각자 고유한 현존을 가지면서 분리된 모습으로 존재하는 것으로 간주할 수 있는 신의 그 어떤 성질의 토대도 될 수 없다. 오히려 신의 모든 성질들은 오로지 실재들이거나 실체적인 것들이며 동일한 실재존재(reelle Dinge)에 대한 본질적 표현들이다. 말하자면 이 실재존재는 전적으로 유일한 존재일 수 있는 선험적(transzendental) 존재인데, 여기서는 모든 것이 **필연적으로 얽혀 있으며 모든 것이 오로지 일자로 형성되어야 한다.**

43. 신의 무한한 개념, 즉 신의 본질뿐만 아니라 이 본질에서 필연적으로 기인하는 모든 것에 관한 무한한 개념은 오로지 유일하고 나눌 수 없는 개념일 뿐이다.

44. 이 개념은 유일하고 나눌 수 없기 때문에 전체는 물론이고 모든 부분 가운데도 존재해야 한다. 또는 모든 물체나 개별 존재의 개념은 그것이 의도하는 것과 상관없이 신의 무한한 본질을 자기 안에서 **완벽하고 완전하게** 파악해야 한다.

* * *

이로써 내 서술은 끝났습니다. 이 서술과 헴스테르하위스에게 보내는 편지글을 통해 당신 논문의 핵심에 대해 충분히 답했다고 생각합니다. 다만 다른 이들과 같이 침묵으로 지나칠 수 없는, 나 자신과 관련된 몇몇 구절에 대해 이제 결론을 내릴까 합니다.

당신은 다음과 같이 말합니다. "나는 우리의 레싱이 당신과 담소를 나눈 바 있는 위트 있는 생각들로 넘어가려고 합니다. 이 생각들이 농담인지 철학인지 말하기는 어렵습니다. (…) 레싱이 말한 세계영혼의 경제학 개념, 단순히 물체의 영향인 라이프니츠의 엔텔레케이아[34] 개념, 그의 일

79

기 정보, 그의 끝없는 지루함, 이같이 생각에 파묻힌 사람, 이 모든 것은 한순간 빛을 비추고 요란한 소리를 내다가 사라집니다."

나는 편지에서 레싱이 세계영혼에 대해 말했으며 만약 세계영혼이 존재한다면 그것은 다른 영혼과 마찬가지로 가능한 모든 체계에 따라서 영혼으로 존재할 수 있으며 오로지 결과로만 존재할 것이라고 말했습니다. 그다음에 레싱의 것이 아닌 나 자신의 주석을 다음과 같이 덧붙였습니다. "세계영혼은 라이프니츠의 체계에 따라서도 존재할 수 있습니다. 엔텔레케이아는 물체를 통해서(또는 물체의 개념을 통해서) 비로소 정신이 됩니다." 라이프니츠의 엔텔레케이아와 전적으로 다른 어떤 것은 단순히 물체의 결과일 것입니다.

초고에서는 이 주석에 라이프니츠가 말한 다음과 같은 내용을 덧붙였습니다[라이프니츠, ≪자연과 은총의 원리 (Principes de la Nature et de la Grâce)≫, § 2, § 4, Gr VI. 598~600]. "하나의 모나드는 그 자체로, 한 시점에서 이해

---

34) (옮긴이 주) 독일어 Entelechie, 그리스어 Entelecheia. 아리스토텔레스 철학의 기본 개념인 '엔텔레케이아'는 완성과 목표를 자기 안에 지닌 상태를 의미하며, 존재자 가운데 주어져 있는 가능성의 실현을 뜻한다. 그렇기 때문에 에네르게이아(Energeia) 개념과 동의어로 간주할 수 있다.

할 때 오로지 그 내적인 속성과 활동성으로만 구별된다. 이 속성과 활동성은 그 지각에 있으며(즉, 혼합 존재의 서술에 있거나 이와 무관하게 단일자 가운데 있는 것에 대한 서술에 있으며), 변화의 원리인 그 의욕에(즉, 하나의 지각에서 다른 지각으로 이행하는 노력에) 있다. 왜냐하면 실체의 단순성은 결코 다양한 상태들의 다면성을 방해하지 않기 때문이다. 다양한 상태들은 바로 이 같은 단순한 실체 속에 함께 존재하며 외부 존재(Dinge)와 다양하게 관계하면서 존립해야 한다. 모든 모나드는 자신의 특유한 물체와 함께 생동적인 실체를 형성한다. 그러므로 몸이나 지체와 결합한 생명만 존재하는 것이 아니다. 오히려 한 모나드가 다른 모나드를 다소간 지배할 수 있기 때문에 무수히 많은 모나드의 등급이 있다. 모나드가 분명한 목적을 갖는 기관들을 소유하며 이 기관에 의해 모나드가 수용하는 인상과 이를 재현하는 지각 가운데 구별이 분명하게 드러난다면(예컨대 눈 점액에 의해 광선이 집중되고 더 큰 힘을 갖고 작용하는 것과 같이), 이것은 느낌(Empfindung)에까지 도달할 수 있다. 다시 말해서 기억에 수반되는 지각(Perzeption)에 도달할 수 있으며, 그때마다 들릴 수 있도록 이 지각의 반향이 오랫동안 남는다. 이와 같은 생명체는 동물로 불리며, 그 모나드는 영혼으로 불린다. 이 영혼이 이성으로까지 고양된다면

이것은 더 고상한 것이며 사람들은 이를 정신으로 헤아린
다. 나는 곧 이것을 설명할 것이다[라이프니츠, ≪자연과 은
총의 이성 원리(Vernunftprinzipien der Natur und der
Gnade)≫, 1982, Hamburg]." 이와 병행해서 나는 ≪신정
론≫ 124절 및 라이프니츠가 바그너에게 보내는 편지 < 신
체의 활동력, 인간의 영혼, 동물의 영혼에 대해(de vi activa
corporis, de anima, de anima brutorum) > 를 인용했습니
다.

　　나중에 나는 이 모든 인용이 불필요하다고 보고 삭제했
습니다. 내 주장이 너무나도 명백하게 라이프니츠에 토대
를 두고 있으며 내가 이 인용문에 집어넣은 예리한 형식이
약간의 숙고만 한다면 알 수 있는 길을 막을 수 있다는 생각
이 떠올랐기 때문입니다.

　　당신은 다음과 같이 말을 이어 갔지요. "나는 당신이 제
안한 신앙의 깃발 아래 명예롭게 퇴각하는 것을 허락했습니
다. 신앙은 이를 통해 의심을 분쇄하는 의무를 부과하는 당
신의 종교 정신 가운데 전적으로 존재합니다. 기독교 철학
자는 자연주의자[35]를 우롱하고 도깨비불과 같이 그를 현혹

---

35) (편집자 주) 여기서 자연주의자는 기독교 계시 교리에 관여하지 않는 사람
　　들을 가리킨다. 자연 종교나 오성 종교를 신봉하는 자와 같은 유대인이 자
　　연주의자다.

하고 확실한 파악에서 미끄러지게 하는 의심의 실마리를 그에게 제안하면서 즐길 수 있습니다. 내 종교는 이러한 의심을 이성 근거를 통해 제거하는 것과 다른 방식으로 제거해야 한다는 의무를 알지 못하며 영원한 진리에 대한 믿음을 명령하지 않습니다. 그러므로 나는 **확신**을 추구하는 또 하나의 근거를 갖고 있는 것입니다."

친애하는 멘델스존, 우리 모두는 믿음 안에서 탄생하며 믿음 안에 머물러야 합니다. 이것은 우리 모두가 사회 속에서 태어나며 사회 속에 머물러야 하는 것과 같습니다. 전체는 필연적으로 부분에 선행합니다(totum parte prius esse necesse est). 확실성이 미리 알려져 있지 않다면 우리가 어떻게 확실성을 향해 노력할 수 있습니까? 우리가 확실성과 더불어 이미 인식하고 있는 것을 통하지 않고 확실성이 우리에게 어떻게 알려질 수 있습니까? 이것은 아무런 근거를 요구하지 않으며 전적으로 모든 근거를 배제하는 직접적 확실성의 개념으로 유도합니다. 이것은 오로지 **표상된 사물과 일치하는 표상 자체입니다.** 근거에서 나오는 확신은 두 번째 확실성입니다. 근거는 우리가 확실하게 알고 있는 사물의 유사성의 특징(Merkmal)에 지나지 않습니다. 근거가 산출하는 확신은 비교에서 나옵니다. 그리고 이 확신은 결코 확실하고 완전하게 옳을 수 없습니다. 이성 근거에서 나오지 않은 모든 **진리 간주**(jedes für Wahr halten)가 믿음이라면 이성 근거에서 나오는 확신 자체도 믿음에서 나와야 하며, 그 확신의 힘을 오로지 믿음으로부터만 수용해야 합니다.

우리는 믿음을 통해 우리가 신체를 가지고 있음을 알며 우리 바깥에 다른 신체들이 있고 생각하는 다른 존재가 있음을 압니다. 이것은 진정한 계시이며 놀라운 계시입니다! 왜냐하면 우리는 오로지 우리 신체만을 이런저런 성질을 지닌 것으로 지각하기 때문입니다. 그러면서 우리는 신체의 변화만이 아니라 이와는 전적으로 상이한, 지각도 사고도 아닌 **다른 현실적 존재**를 알게 되며, 심지어 우리 자신을 알게 되는 것과 같은 확실성으로 이 존재를 알게 됩니다. 너 없이는 **나**도 불가능하기 때문입니다. 그러므로 우리는 **단순히 우리가 받아들이는 성질들을 통해** 모든 표상을 획득하며, 다른 방도의 실재적 인식은 없습니다. 왜냐하면 만약 이성이 대상을 산출한다면 그것은 망상이기 때문입니다.

따라서 우리는 자연의 계시를 갖고 있습니다. 우리에게 명령할 뿐 아니라 모든 사람에게 **믿음**을 강요하며 믿음을 통해 영원한 진리를 받아들이라고 강요하는 자연의 계시를 갖고 있습니다.

기독교는 다른 믿음을 가르칩니다. 기독교는 믿음을 명

령하지 않습니다. 기독교는 영원한 진리가 아니라 인간의 유한하고 우연적인 본성을 대상으로 삼는 믿음을 명령하지 않습니다. 기독교는 인간의 현존이 전진하고 더 고상한 삶에 도달하며 이 삶을 통해 더 고상한 의식에 도달하고 이 의식 가운데서 더 높은 인식에 올라설 수 있는 성질을 어떻게 획득할 수 있는지 가르칩니다. 이러한 약속을 받아들이고 충만을 향해 충실하게 변화하는 사람은 거기서 [모든 것을] 복되게 하는 믿음을 갖습니다. 그러므로 이 믿음의 약속이 이미 채워져 있는 고상한 믿음의 스승은 진실로 말할 수 있었습니다. "나는 길이요 진리요 생명이다. 나를 거치지 않고서는 아무도 아버지께 갈 수 없다. 너희가 나를 알았으니 내 아버지도 알게 될 것이다."

따라서 내 종교의 정신은 다음과 같습니다. 인간은 신적 생명을 통해 신을 내면화합니다. 모든 이성보다 높은 신의 평화가 있습니다. 파악할 수 없는 사랑의 만족과 직관이 신 가운데 거합니다.

사랑은 생명입니다. **사랑은 생명 자체입니다.** 오로지 사랑의 방식만이 생명을 가진(lebendig) 자연의 모든 방식을 구별합니다. 생명을 가진 존재는 생명을 가진 존재 가운데 서만 자기를 나타내며 생명을 가진 존재에게만 자기를 인식하게 합니다. 그런데 이것은 오로지 유발된 사랑을 통해서만 가능합니다. 설교자의 목소리도 광야에서 이렇게 외칩니다. 신에 대한 인간의 한없는 **오해**를 제거하기 위해 인간은 신의 본성에 참여해야 하며 신성도 피와 살에 관여해야 합니다.

가진 것 없이 사변화한 **타락한** 이성은 이러한 실천적 도정을 칭송할 수 없으며 스스로 칭송하게 할 수 없습니다. 이 이성은 [진리를] 파헤칠 수 있는 손발이 없으며 구걸하기에도 수치스럽습니다. 그래서 이 이성은 여기저기로 배회할 수밖에 없습니다. 그것은 직관적 오성과 더불어, 여기서 나온 진리와 종교와 그 자비와 더불어 불구처럼 움직여야 합니다. 이것은 도덕이 사라져 버린 덕스런 경향성을 향하며 법률이 침전된 공공심과 개선된 인류를 향해 나아가는 것과 흡사합니다. 교육학도 그렇습니다. (…) 여기서 멈춰야겠습니다. 무섭게 다가오는 급류에 휩쓸리지 않도록 말입니다.

진리의 정신이 당신과 내게 머물기 바랍니다.

1785년 4월 21일
뒤셀도르프에서

* * *

멘델스존을 오랫동안 기다리게 할 수 없었기 때문에 이
번에는 소포를 곧바로 베를린으로 보냈다. 그리고 그날 밤
여행을 떠났다. 내가 보낸 두 통의 편지에 답하지 않고 있던
여자 친구에게는 이 사실을 알리지 않았다.

5월 23일 그녀에게 편지를 받았다. 그녀는 내가 3월 내
내 아팠다는 전갈에 대한 멘델스존의 답신을 다음과 같이
전달해 주었다. "우리가 공유하는 친구라는 개념으로 내 회
상에 대해 답장을 서두르지 않아도 된다는 뜻을 전합니다.
라이프치히 전시회 후 소책자의 제1부[36]를 인쇄에 넘기기
로 했어요. 여기서는 **주로 범신론을** 다루었는데 우리의 서
신 교환에 대해서는 언급하지 않았습니다. 서신 교환에 대
해서는 제2부에서 다룰 생각이며 이를 위한 시간도 많이 있
습니다. 야코비는 내 회상에 답하기 전에 이 책의 제1부를
읽어야 할 것입니다. 내 친애하는 반대자에게 인사를 전하
면서."

최근에 쓴 논문[37]을 멘델스존에게 보낸 지 한 달이 지났

---

36) 멘델스존, ≪아침 생각(Morgenstunden)≫, Berlin, 1785.
37) 1785년 4월 21일자 편지(87~116쪽, 이 책 66~86쪽).

다. 그에게 약속한 날짜를 3개월 넘겼다. 내 수고를 덜어 주어야 할 소식은 내가 서둘렀던 것에 비해 좀 늦게 도착했다.

특별한 편지를 보내면서 나는 멘델스존에게 맞섰다. 만약 스피노자의 이론 체계를 진정한 형태로 그리고 **부분들의 필연적 연관에 따라** 공적으로 서술한다면 지금 시점에서 그것이 아주 유용할 것이라고 말한 것이다. 내 서신은 다음과 같다. "스피노자의 망령은 독일에서 이미 오래전부터 온갖 형태로 퍼져 있습니다. 미신을 믿는 사람들과 불신자들도 경이로운 마음으로 이를 고찰합니다. … 어쩌면 우리는 스피노자가 모세의 성체에 대해 천사장과 사탄 사이에서 논쟁을 벌인 것처럼 스피노자의 성체에 대한 논쟁을 경험할 수 있을 것입니다. … 당신이 답장을 해 준다면 이보다 더 많은 것을 경험하게 되겠지요. 그리고 스피노자 학설의 개념에 대해 당신이 나와 같은 생각을 하는지 알 수 있을 것입니다."

멘델스존이 답장을 보내리라 기대했다. 그러나 3개월을 헛되이 기다린 후 스피노자 학설에 대해 홀로 집필해야겠다는 생각이 들었다. 여기 실은 편지를 매개로 내가 지금 시점에도 유용한 것으로 간주하는 스피노자주의에 대해 서술하는 쪽으로 연구 방향을 잡았다.

우리의 탁월한 멘델스존이 쓴 반(反)범신론[38]의 권유를 잘 알고 있었기 때문에 나는 이것이 더 큰 요구로 다가오는 것을 보았고 이 책을 아주 긴장해서 읽고 좀 더 빨리, 좀 더 깊이 그 내용을 파악해야 한다고 느꼈다. 이러한 권유를 전달함으로써 많은 독자들에게 똑같은 장점을 제공하려고 한 것이다.

내 책과 정확하게 관계를 맺고 있는 멘델스존의 작품이 내 책과 동시에 출간되었기 때문에 **내 책**은 더 많은 생각을 일으켜야 했다. 그래서 수업에서 체험할 수 있기를 간절히 바랐던바 내 조국의 사고하는 머리를 작동시킬 수 있었다.

그래서 내 전체 원고를 살펴보고 다음 단문들을 발췌했다. 이는 내 주장의 총괄 개념인 이 단문들을 명료하게 구성하기 위함이다.

I.
스피노자주의는 무신론이다. [39]

---

38) 멘델스존, ≪아침 생각≫.

39) 나는 모든 스피노자주의자를 무신론자로 보지 않는다. 그렇기 때문에 **올바로 이해한** 스피노자 학설은 어떤 종류의 종교도 허용하지 않는다는 증명은 불필요한 것이 아닌 듯하다. 이에 반해 스피노자주의의 일정한 거품은 모든 종류의 미신이나 광신과 잘 어울린다. 그러므로 이를 거부하면 가장 아름다운 물방울도 함께 버릴 수 있다. 결정적인 무신론자는 이 거품 속에 숨어서는 안 된다. 다른 사람들도 이와 더불어 자기 자신을 속여서는 안 된다.

II.

수많은 카발라 **철학**은 연구에 개방되어 있다. **헬몬트 2세**[40] **와 바흐터**[41] **같은 카발라 철학의 최고 해설자에 따르면** 그 것은 **철학으로서** 바로 전개되지 않은 스피노자주의이거나 새롭게 얽힌 스피노자주다.

III.

라이프니츠-볼프의 철학은 스피노자 철학 못지않게 숙명 론적이다. 그래서 부단한 탐구자를 스피노자주의의 원칙으 로 되돌린다.

IV.

증명의 모든 도정은 숙명론으로 귀결된다.

V.

우리는 유사성만을 증명할 수 있다. 모든 증명은 이미 증명

---

40) 헬몬트 2세(Der jüngere v. Helmont) 편집, ≪철학 저작(Opscula Philosophica)≫(Amsterdam, 1690).

41) 게오르기오 바흐터(Georgio Wachtero), ≪카발라 백과사전(Elucidarius Cabalisticus)≫(Roma, 1706).

된 것을 전제한다. 그 원리는 **계시다**.

VI.
모든 인간적 인식과 작용의 요소는 믿음이다.[42]

* * *

6월 초 내 친구가 멘델스존이 몰두한 작품에 대해 편지
를 보내왔다. 베를린에서 온 리포트의 제목은 다음과 같다
는 것이다. **신과 창조에 대한 아침 생각 또는 신의 현존과 속**

---

[42] "역사 서술이나 시적 서술에서 [특정 구절이] 그 이름을 명기했거나 문체
가 오인될 수 없는 대가의 구절이라는 사실을 누가 증명할 수 있는가? 당
신이 지인이나 모르는 사람을 통해 입수한 편지가 유일무이한 한 사람이
쓴 것이라는 사실을 누가 증명하는가? 이 모든 것은 당신의 감정과 당신의
직관이 당신에게 말하거나 당신 안에 있는 어떤 것, 즉 우리의 철학이나
신학에서 아무런 이름을 갖지 않는 어떤 것이 말한다. 모든 사람 가운데
있는 모든 계기들은 세계 속의 모든 철학과 신학보다 훨씬 더 빨리, 훨씬
더 많이 영향을 미친다. 모든 순간 당신을 인도하고 추동하고 뒤로 물러나
게 하는 이 어떤 것은 아주 조용하고 힘 있게 경고하고 훈계한다. … 이름
없이 모든 것에 영향을 미치는 이 어떤 것(이것은 믿음의 진리 감각이며
그 요소이자 원리다)." 요한 라바터(Johann Caspar Lavater), ≪본디오 빌
라도. 또는 평범한 사람의 성서와 위대한 사람(Pontius Pilatus. Oder Die
Bibel im Kleinen und Der Mensch im Großen)≫. Bd. 2, Zürich 1782,
292 f.

91

성에 대한 아침 생각.

그리고 바로 이 친구에게서 멘델스존이 **아침 생각**의 인쇄를 포기했다는 소식을 전해 들었다.

이 소식을 접한 후 내 책과 동시에 출간될 수 없었던 저 유명한 내 반대자의 책을 살펴볼 때까지 내가 쓴 글을 다시 살펴보기로 했다. 그리고 가능한 한 빨리 이 글을 손에 넣기 위해 노력했다.

그사이에 멘델스존으로부터 편지가 도착했다. 우리 두 사람이 같이 알고 있는 여자 친구가 봉투에 담아 보내왔다. 이 편지는 내가 오랫동안 기다렸던 답장이 아니었다. 내가 제기한 문제와 관련된 내용이 하나도 없었다. 나는 이것을 관대하게 이해하려고 한다. 그는 내가 보낸 두 논문, 즉 헴스테르하위스에게 보낸 프랑스어 논문과 멘델스존 자신에게 보낸 독일어 논문에 아무런 대답도 하지 않았다. 그가 현재의 [정신적] 연약함으로 인해 우리의 **논쟁 과정**에 무심하지 않았다는 것에 대해서는 우리의 여자 친구와 또 다른 친구가 증인이다. 누군가 자신의 학문적 작업을 전적으로 포기하지 않는다면 앞서 말한 **증언의 다음 도서목록을 확인할 것이다.** 그는 이 글을 통해 나를 논파할 수 있다는 사실을 고려하지 않은 것 같다. 하지만 그는 나를 물리칠 수 있다는 사실에 별로 만족하지 않을 것이다. 왜냐하면 그는 내 논문뿐만 아니라 스피노자의 많은 구절을 전혀 이해하지 못하고 있음을 스스로 인정해야 하기 때문이다. **그는 내가 나중에 부정적으로 평가한 글에서 쟁점(Statum Controversiae)을 확정하고 이를 통해 적절한 논쟁이 될 수 있기를 희망했다. 적어도 드러난 중요 문제는 다음과 같다.** 그에게는 많은 것이 전혀 이해되지 않으며 **내가 그에게 설명하려고 노력할수록 그의 시야에서는 많은 것이 사라진다.**

멘델스존이 편지를 보내온 진짜 동기는, 자신의 글을 출판했기 때문에 내가 보낸 첫 편지에 대한 그의 회상을 필사하라는 요구였다. 다행스럽게도 필사는 가능했다. 그런데 그의 편지를 수령한 바로 그 시간에 나는 멘델스존에게 필사를 요구하는 즐거움을 누리고 있었다.

내가 무엇을 해야 하는지에 대해서는 오랜 숙고가 필요치 않았다. 멘델스존은 자기가 쓴 책을 내게 전달하려는 계획을 변경하고 갑자기 인쇄에 넘겼다. 나는 이 책의 제목을 소문을 통해 알게 되었으며 전시장의 도서목록을 통해 처음으로 경험할 수밖에 없었다. 더 나아가 멘델스존은 이 책에서 쟁점을 확정지을 결심을 했다. 이 모든 것으로 인해 내훌륭한 맞수의 올바르고 고결한 생각을 신뢰하는 것은 부적합했으며 앞으로도 그럴 것이다. 이와 같이 **"적절한 논쟁을 벌이는 일과, 내가 그에게 설명하려고 노력할수록 그의 시야**

에서는 많은 것이 사라진다는 사실이 중요하다는 것을 밖으로 알리는 일을 그에게 전적으로 맡길 수 없었다".

논쟁의 전체 동기가 동시에 알려지지 않았다면 내게 악마의 변론인(Advocatum diaboli)[43]을 생각나게 하는 쟁점이 확정되었을 것이라는 사실에 나는 동의할 수 없었다. 내가 어떤 오성 가운데서 스피노자의 역할을 받아들였는지 사람들이 정확하게 알고, 오로지 사변철학에 맞서는 사변철학, 더 정확하게 말해서 **순수한 형이상학**에 맞서는 **순수한 형이상학**을 논의했다는 것은 내게 정말 중요했다. 금언적인 의미가 아니라 본래적인 의미를 따르면 이것은 '공허에 대한 두려움(in fugam vacui)'이다.

* * *

좀 전에 내세운 명제들로 되돌아가자.[44] 나는 이 명제들을 논제로 제안한 적이 없으며 이를 모든 공격에 대한 방어로 내세운 적이 없다는 것을 덧붙이고자 한다. 진리의 왕국

---

43) (옮긴이 주) 악마의 변론인은 수사학에서 자신의 논거로 상대방의 입장을 대변하는 사람을 가리킨다. 그는 상대가 가질 수 있는 논거를 염두에 두면서 자기 논거의 날을 세우기 때문에 논쟁에서 상대를 자극할 수 있다.

44) (옮긴이 주) 앞에서 I~VI으로 제시한 명제들을 가리킨다.

에서도 전쟁을 통해 획득하는 것은 별로 없다. 각자가 자신에게 성실하고 진심을 자유롭게 교환하는 것은 여기서도 가장 요구되는 최선의 것이다. 인식의 결핍에 맞서는 나쁜 열정은 무엇을 위한 것인가?

단순히 인식의 결핍을 내세우는 대신에, 그리고 당신을 화나게 하는 이 결핍을 조소로 심판하는 대신에, 천분(天分)을 통해 이 결핍을 메워 주라! 천분을 통해 당신은 당신을 더 많이 소유한 사람으로 드러낼 것이며 부족한 사람에게 당신을 바로 이런 사람으로 입증할 것이다. 진리는 명료함이다. 진리는 온통 현실에 관계하며 사실(Facta)에 관계한다. 맹인이 앞을 보지 못하는 한 그가 어떤 기술을 통해 대상을 보는 것은 불가능하다. 마찬가지로 보는 사람이 빛 속에서 대상을 지각하지 못하며 이를 자신과 구별하지 못한다는 것도 있을 수 없다. 그렇지만 우리는 오류가 진리인 경우를 요구하기보다 오류가 스스로를 보고 스스로를 인식하라고 요구한다. 그래서 우리는 오류가 진리만큼 강한 것이 아닌지 두려워한다. 과연 흑암이 빛 가운데로 들어갈 수 있으며 빛의 광선을 끌 수 있는가? 이에 반해 빛은 흑암으로 들어가며 흑암을 일부 비춤으로써 이를 드러낸다. 오로지 태양을 통해 낮이 되는 것처럼 오로지 해가 짐으로써 밤이 된다.

사람들은 자신의 좁은 집을 대낮에도 밤처럼 어둡게 해

놓을 수 있으며, 이 좁은 어둠을 다시금 밝게 할 수도 있다. 그러나 이 밝음은 하늘의 밝음과 같을 수 없다. 꺼져 가는 약한 불꽃은 불의의 사건이 되어 어쩌면 그것을 피어오르게 하는 손을 못 쓰게도 한다. 그것은 꺼진 것 같다가도 시간이 지나면서 피어올라 눈을 다치게도 한다.

썩은 땅이 넓은 지역으로 퍼지면 피어오르는 연약한 냉기가 태양을 가로막는다. 땅은 더 나빠지며 음울하고 독한 구름이 더 많아진다. 불을 피우고 육중한 포탄을 떨어뜨리면 여기저기서 구름과 안개가 잠시 걷히고 그 형태가 변하겠지만 완전히 없어지지는 않는다. 그러나 대지가 좋아지면 구름과 안개는 사라진다.

* * *

이 책에 연이어 대화편[45]이 나올 것이다. 대화편에서 나는 여기서 상세하게 다루지 못한 많은 문제들을 더 다루며, 특히 나 자신의 고유한 원칙을 전개하고 이를 다양하게 비

45) ≪데이비드 흄과 믿음 또는 관념론과 실재론. 프리드리히 하인리히 야코비의 대화(David Hume über den Glauben oder Idealismus und Realismus Ein Gespräch von Friedrich Heinrich Jacobi)≫, Breslau, 1787.

교할 것이다. 나는 큰 주제를 얻게 될 것이다. "우리는 교의
학자가 반박할 수 없는 것을 증명할 힘이 없다. 우리는 회의
주의가 전적으로 반박할 수 없는 것으로 남아 있는 진리 개
념을 갖고 있다."[46] 우리는 우리 자신을 창조하지 않으며
우리 자신을 가르치지 않는다. 우리는 결코 선천적(a priori)
이지 않다. 우리는 아무것도 선천적으로 알 수 없으며 행할
수 없다. 경험 없이는 그 어떤 것도 알거나 행할 수 없다. 우
리는 우리 자신을 이 땅에 정립되어 있는 존재로 안다. 우리
행위가 이 땅에서 이루어지는 것처럼 우리 인식도 이 땅에
서 이루어진다. 우리 도덕적 속성이 결과에 이르는 것처럼
이것과 관계하는 모든 사물에 대한 우리 통찰도 결과에 도
달한다. 충동이 결과에 이르는 것처럼 감각도 그러하고, 감
각이 결과에 이르는 것처럼 충동도 그러하다. 인간은 현명
하고 덕스럽고 경건하게 궤변을 부릴 수 없다. 인간은 위를
향해 움직여야 하며 **운동**해야 한다. 그는 조직되어야 하며
스스로를 **조직**해야 한다. 이렇게 강제로 만들어져 있는 것
을 지금까지 그 어떤 철학도 변화시킬 수 없었다. 이러한 인
간 형성에 좋은 뜻으로 복종하고 이를 변화시키려는 철학을
포기하고 눈 없이도 볼 수 있는 안경을 발견하려는 시간이

---

46) 파스칼(Pascal), ≪팡세(Pensées)≫, Art. XXI, 2, Bd. 2. 131.

시작되었다. 지금은 이보다 **더 좋은 것**을 시작할 시간이다!

* * *

스파르타 출신인 **슈페르티아스**와 **불리스**가 마치 죽으러 가는 것처럼 수사(Susa)행을 감행했을 때, 그들은 아시아 해변에 거주하는 민족 너머에 자리 잡았던 페르시아인 히다르네스에게 갔다. 그는 이 두 사람에게 선물을 주고 잘 접대하면서 이들이 그의 왕과 친구가 되고 왕처럼 훌륭하고 행복하게 살라고 권했다. 이 둘은 "당신의 조언은 **당신의** 경험을 따를 때 좋을지 몰라도 **우리의** 경험에 따를 때는 그렇지 않다"고 말했다. "우리가 향유하는 행운을 맛보았더라면 당신은 이를 위해 재산과 피를 헌납하라고 우리에게 조언했을 것이다."[47]

물론 히다르네스는 이 두 열광자를 조소했다. 우리 시대의 어느 누가 이 두 사람을 히다르네스와 함께 조소하지 않겠는가. 만약 우리와 히다르네스가 부당하고 스파르타 출신이 열광자가 아니라면, 우리가 갖고 있지 않은 진리를 그들도 갖지 않아야 하는가? 우리가 이 진리를 내면화한다면,

---

47) ≪헤로도토스의 역사(Geschichte des Herodotus)≫, im 7. B, c. 129.

우리는 이 사람들에 대한 조소를 중단하지 않을 것인가?

슈페르티아스와 불리스는 히다르네스가 바보이며 연약한 정신의 소유자라고 말하지 않았다. 오히려 그들은 히다르네스가 그의 척도에서 지혜로우며 통찰력이 있고 선하다는 것을 인정했다. 그들은 히다르네스에게 자신들의 진리를 제시하려고 하지 않았다. 이와 반대로 이런 일이 어떻게 일어나지 않을 수 있는지 설명했다.

이들의 생각은 크세르크세스48)를 만나면서 훨씬 덜 분명해졌다. 이들은 크세르크세스 앞에서 몰락하지 않기를 바랐으며 그 또한 이들을 죽이지 않았다. 오히려 이 둘을 설득해서 친구로 삼고 그 자신처럼 행복하게 만들려고 했다. 이 둘은 말했다. "조국과 법률을 버리고 우리가 어떻게 여기서 살 수 있는가? 우리는 죽기 위해 이렇게 먼 여행을 감행한 **그러한** 사람들이다."49)

슈페르티아스와 불리스는 사고와 추론에서 페르시아인보다 덜 성숙했을 수 있다. 그들은 오성과 섬세한 판단에 호소하지 않았으며 오로지 **사물** 및 사물에 대한 그들의 경향

---

48) (옮긴이 주) 크세르크세스(Xerxes, 기원전 519〜 기원전 465)는 페르시아의 5대 왕이었다.

49) 플루타르코스(Plutarque), ≪ 플루타르코스 윤리론집(Les Œuvres morales & meslees des Plutarque)≫, Paris, 1572, 225.

에 호소했다. 여기서 그들은 아무런 덕목을 자랑하지 않았으며, 오로지 그들 가슴의 의미와 감정을 고백했다. 그들은 아무런 철학을 갖지 않았다. 다르게 말한다면 그들의 철학은 단순히 역사였다.

살아 있는 철학이 역사와 다른 것일 수 있는가? 표상은 대상과 같으며, 경향과 정열은 표상과 같고, 원칙과 전체 인식은 행위와 같다. 무엇이 모든 사람들을 엘베티우스와 디드로의 학설로 빨려들게 했는가? 그것은 이 학설이 세기의 진리를 실제로 포착했기 때문이다. 그것은 그들이 말한 가슴에서 나왔으며 다시금 가슴으로 돌아가야 했다.

에픽테토스는 말한다. "왜 바보들이 너희들을 제압하고 원하는 대로 끌고 왔는가? 바보들이 왜 너희들보다 더 강한가? 그들의 수다는 궁색하고 품위가 없지만 그럼에도 그들은 항상 현실적인 개념과 원칙에 따라 말하기 때문이다. 그러나 너희들이 제시하는 아름다운 사실들은 단순히 입술에서 나온 것이다. 그렇기 때문에 너희들의 말은 힘도 없고 생명도 없다. 사람들이 너희들의 경고를 듣는다면 그것은 고도의 경고가 되며, 이것은 너희들이 사방으로 지껄였던 궁색한 덕목이다. 그러므로 바보들이 너희의 주인이 된다. 왜냐하면 가슴에서 나오는 것과 사람들이 원칙으로 생각하고 있는 것은 늘 극복할 수 없는 힘을 갖기 때문이다. … 너희들이 학교에서 기록한 것은 왁스처럼 태양이 비출 때 늘 다시금 녹아내린다."50)

철학은 그 재료를 만들 수 없다. 철학은 항상 현재의 역사나 과거의 역사 속에 있다. 만약 과거의 역사에 우리가 반복할 수 없는 경험이 포함되어 있다면 우리는 과거의 역사로부터 오로지 나쁘게 철학한다. 우리는 우리 앞에 놓인 것에 대해서만 신뢰를 가지고 판단한다. 모든 시대에 주어져 있는 것을 판단하고, 분해하고, 부분들을 비교하고, 질서를 부여하고, 가장 단순한 원칙으로 환원하고, 이 원칙의 옳음을 더 분명하고 이채롭게 하고, 항상 그 힘이 작용하게 할 수 있다. 그러므로 모든 시대는 그 고유한 진리와 같이, 경험의 내용과 같은 시대의 내용을 갖는다. 그래서 모든 시대는 그만의 생동적인 철학, 즉 이 시대 지배적 행위의 **진행**을 서술하는 철학도 소유한다.

여기서 다음과 같은 결론이 나올 수 있다. 인간의 행위는 그의 철학에서 도출해야 할 뿐 아니라 그의 철학도 그의 행위에서 도출해야 한다. 인간의 역사가 그의 사고방식에서 나오는 것이 아니라 사고방식이 그의 역사에서 나온다. 예

---

50) 슐테스(J. G. Schultheß) 편집, ≪에픽테토스의 연설(Epiktets Reden)≫, 예컨대 열여섯 번째 강연.

컨대 로마 공화정이 몰락한 시대를 살았던 로마인의 타락한 도덕을 사람들은 당시 만연한 무신앙에서 설명하려고 하는 잘못을 범한다. 이와 반대로 만연한 무신앙의 원천을 도덕의 타락에서 찾아야 할 것이다. 동시대인의 외설과 고삐 풀린 탐식이 오비디우스(Publius Ovidius Naso), 페트로니우스(Titus Petronius Arbiter), 카툴루스(Gaius Valerius Catullus), 마르티알리스(Marcus Valerius Martialis)와 같은 시인들을 생각한 것이 아니라, 이 시인들이 외설과 고삐 풀린 탐식의 문제를 생각한 것이다. 시인과 철학자가 당대의 정신에 물들면 이 시대정신을 강하게 지지한다는 사실에 나는 결코 동의하지 않는다. 인간의 역사는 인간을 통해 발생한다. 역사의 진보에 많이 기여하는 사람이 있는가 하면 별로 기여하지 못하는 사람도 있다.

시대의 **사고방식**인 철학을 개선해야 한다면 시대의 방식을 행동으로 옮기는 그 역사, 즉 시대의 **생활양식**을 먼저 개선해야 한다. 이러한 일이 **즉흥적으로** 일어날 수는 없다. 이것은 많은 사람들에게 분명하다. 그리고 존경할 만한 인물들은 이미 이것에 대해 생각한 것 같다. 왜냐하면 이들은 옛사람인 우리와 더불어 우리 아이들이 더 좋은 새로운 종족이 되어야 한다는 요구를 아직 마무리하지 못했기 때문이다. 사안은 결코 간단하지 않다. 아버지인 우리가 최선으로 간주한 것과 다른 도정을 우리 아이들이 보여 줄 것이라는 사실에 동의할 수 없는 특별한 어려움이 있다. 그러므로 **영리한 사람들**은 아이들이 실제로 올바르게 교육받거나 시대의 요구를 위해 교육받아야 한다는 것을 약속하고 이를 진지하게 생각해야 했다. 제대로 된 표현을 쓰자면, 아이들은 **세기의 의미와 취향에 따라** 교육받아야 한다. 그러나 세기의 의미와 취향이 오로지 잘사는 것과, 이를 위한 수단인 많은 돈과 좋은 자리와 폭력을 향해 나아간다면, 그리고 인간 본성의 최고 특성을 지각하지 못할 정도로 몰아붙이지 않고는 이러한 대상들을 좋아갈 수 없다면, 이러한 실제 교육은 그것이 진정 이성적으로 이루어진 경우라 하더라도 우리 후손들이 정말로 재주는 있으나 더욱 나빠지는 결말을 피할 수 없을 것이다. 망상에 지나지 않는 신의 평화 대신에 생각 가능한 **악마의 실제적 평화**, 최소한 가평화조약이 체결될 수 있을 것이다.

이것은 정말 우리 앞에 놓여 있는 표현들이다. 우리는 정직, 애국심, 박애, 신에 대한 경외를 원한다. 그러나 이것이 다가 아니다. 우리는 무엇보다 **잘살기**를 원한다. 허영심에 봉사하기 위해 **완전한 운명**을 원한다. 유혹에 빠지지 않고 부자가 되기를 원한다. 간단히 말해 우리는 거짓말에 대한 속담이 이루어지는 것을 보고 싶어 한다. '**두 주인을 섬기지**

못한다.'51) **'네 보물 있는 그곳에 네 마음도 있다.'**52)

이런 사람은 스스로 거짓말할 수 없다. 영혼의 깊은 자리
를 느끼기 때문에 내게 산과 같은 것이 덮쳐 온다. 이때는
내가 가장 선하고 고귀하고 위대한 것에 대해 방향을 잡지
못하고, 일상의 온갖 광경과 흐름과 감각적 동기를 단념하
고, 가장 비천하고 사악한 것에 대해 도발과 징벌을 본다.
이 순간 아이들이 내게 뛰어온다. 이 순간 나를 사로잡는 것
은 내가 종종 외치고 싶었던 말이다. "가련한 너희들, 어디
로 가느냐!"

(…)

학식이라는 소금은 좋은 것이다. 그러나 소금이 그 맛을
잃으면 무엇으로 짜게 하리오?

이성은 거룩하며 올바르고 좋다. 그러나 이성을 통해 나
오는 것은 극도의 죄를 지은 무지에 대한 인식밖에 없다. 무
지가 전염되면 그것은 세계 지혜의 권능이 된다.53) **이는 세**

---

51) 마태복음 6장 24절.

52) 마태복음 6장 21절.

53) (옮긴이 주) 이 구절은 지혜와 무지, 지혜와 광기의 대비를 보여주려고 한
다. "하나님의 지혜에 있어서는 이 세상이 자기 지혜로 하나님을 알지 못
하므로 하나님께서 전도의 미련한 것으로 믿는 자들을 구원하시기를 기
뻐하셨도다." 고린도전서 1장 21절 참조.

계 지혜의 권능을 가진 예언자가 말한 바와 같다. "한 민족의 현자들은 집단 광기의 광인이다."

"주인은 영(靈)과 정신이다. 주인의 영이 있는 곳에 자유가 있다."[54]

섭리는 그 모든 도정을 정당화할 것이다. 그리고 광기와 자만 가운데 거의 소멸된 인식, **인간 가운데 있는 신의 형상**이 선의 모든 사랑과 진리를 통찰하는 유일한 출발점이라는 인식을 완전한 광채로 재현할 것이며 여러 형태로 파손된 인간성을 유일한 최고 불멸의 모습으로 표현할 것이다.

정신은 인간 가운데 있다.

그리고 전능자의 호흡은 인간을 지혜롭게 한다.

종교가 인간의 가련한 본성을 돕는 유일한 수단이라는 확신은 예로부터 모든 민족에게 강제되었다. 이성의 지혜가 하나도 없었고 오로지 전승된 실정 이론만 있었던 태고에 이르기까지 모든 지혜자들은 그들의 증언에 따라 등장했다. 모든 철학은 전승된 실정 이론에서 유래했다. 모든 지혜자는 입을 모아 **현세의 사물을 대상으로 하는 인식은 이 이름에 어울리지 않는다**고 가르쳤다. 초현세적인 신념을 가정하지 않고는 초현세적인 것을 인식할 수 없다. 신은 자신을

---

54) 고린도후서 3장 17절.

가슴에 알린다. 반면에 오성으로만 그를 찾는 사람들에게는 자신을 감춘다. 신의 법칙은 신의 현재성 위로 날아오르는 영혼을 위한 날개다. 모든 지혜자는 이렇게 가르쳤다. 인간 본성의 질이 떨어지는 곳에는 신의 인식도 떨어지며 동물에 이르면 이 인식은 완전히 사라진다. 이에 반해 인간 본성이 높아지는 곳에서는 **창조하는 사랑**이 더 많이 느껴진다는 사실은 놀랍다. 인간이 그를 사로잡고 있는 신의 현존을 의심하는 것은 전적으로 불가능하다. 이것은 현세의 종복이 주인을 방금 보지 않았다 하더라도, 그가 먼 곳에 머무는 동안 그에게 시중들지 않는다 하더라도 주인의 실제를 의심하지 않는 것보다 더 불가능하다.

신의 지혜는 사악한 영혼에 들어오지 않으며 악덕에 빠져 있는 노예의 송장에 거하지 않는다. 교육의 정신은 기만을 기피하고 바보의 생각을 멀리 벗어난다. 이 정신은 바보를 기만하지 않는 사람들에 의해 발견되며, 소박한 마음으로 그를 찾는 사람들에게 현상한다. 이지적인 정신은 소박한 마음과 신의 지혜 가운데 존재한다. 이 정신은 거룩하게, 고유하게, 갖가지 모습으로, 경쾌하고 솔직하게, 순진무구하게, 분명하게, 신성하고 예리하게, 신속하게, 선행을 베풀면서, 인간적으로, 그리고 확고하고 의연하게, 확실히 존재한다. 신은 모든 것을 할 수 있으며, 모든 것을 바라보며, 모든 지적이고 섬세한 순수 정신을 포함한다. 지혜는 모든 운동보다 더 많이 운동하며 그 순수성으로 모든 것에 도달하고 모든 것을 껴안는다. 왜냐하면 지혜는 신의 능력의 입김이며 빛나는 전능자의 순수한 넘침이고 영원한 빛의 반사이며 신적 작용의 흠 없는 반영이고 그 선함의 모사(模寫)이기 때문이다. 지혜는 그 모습대로 유일하게 모든 것을 할 수 있으며, 그 자체 안에 머물고, 모든 것을 새롭게 하고, 여기저기서 거룩한 영혼으로 상승하고, 신의 친구들과 예언자들을 준비시킨다.

덕을 향유하는 데서 덕스러운 것의 이념이 나온다. 자유를 향유하는 데서 자유인의 이념이 나오며, 삶을 향유하는 데서 생동적인 것의 이념이, 신적인 것을 향유하는 데서 신을 닮을 자의 이념과 신의 이념이 나온다.

어떤 덕에서 완전해지려고 해 보라. 이 덕을 **순수하게 쉼 없이** 실행해 보라. 당신은 마음을 비워야 할 것이며 당신 자신을 내면화하는 것처럼 신을 내면화할 것이다. 당신이 오로지 당신의 의도만을 실행한다면 결국 마음을 비워야 할 것이다. 왜냐하면 인간은 자신의 법칙을 발견할 수도 유지할 수도 없을 만큼 불완전하고 연약하기 때문이다. 인간의 현재 법칙은 그의 현재 의도이며, 그의 현재 의도는 자신의 자의(恣意)를 자극할 수도 확고하게 할 수도 없었던 그의 현재 욕구다.

인간은 복종하고 신뢰해야 하며 말씀과 믿음을 견지해야 한다. 자만하지 않고 자만을 높이지 말아야 한다. 이것이야말로 그의 첫째 덕이며, 마지막 덕이 되어야 한다.

한 민족의 생동적인 철학이나 사고방식이 그 역사나 삶의 양식에서 나오는 것처럼 민족의 역사나 삶의 양식은 그 근원에서 귀결되며 그동안 등장한 기관과 법률에서 나온다. 모든 역사는 가르침과 법률을 통해 앞으로 나아가며, 인간의 모든 형성은 가르침과 법률에 의해 기록된다.

인간은 **이성 법칙**이나 비장한 경고에 의해서가 아니라 **지시, 표현, 모범, 교육, 도움, 충고와 행위, 봉사와 명령**에 의해 형성된다.

최초의 인간이 난원공(卵圓孔, foramen ovale)[55]과 탯줄 없이, 땅에서 해면으로 또는 진창에서 벌레로, 지금 모태에서 태어나는 것보다 훨씬 덜 완전하게 태어났다면 **그 무엇**이 해면이나 벌레를 돌보아야 했을 것이다. 이것이 무엇일까?

만인은 입을 모아 말한다. 한 신이 이들 해면과 벌레를

---

55) (옮긴이 주) 태아 심장의 두 심방 격벽(隔壁)에 나 있는 구멍. 이 구멍을 통해 혈액이 우심방에서 좌심방으로 흐른다.

돌보았을 것이다. 이들이 존재하기 훨씬 전부터.

더 고상한 존재로부터 모든 체제가 나온다. 모든 체제의 근원은 신정(神政)이다. 개별 인간뿐만 아니라 사회를 위한 최초의 필연적 요구는 **하나의 신**이다.

고귀한 외관에 대한 전적인 복종과 엄격하고 거룩한 순종은 위대한 역사와 위대한 신념과 위대한 인간을 만든 모든 시대의 정신이었다. 스파르타인의 성전은 공포에 바쳐졌다.

고귀한 외관에 대한 확고한 믿음이 줄어들고 자신의 자만이 우위를 점하는 곳에서는 모든 덕이 하강하고, 악덕이 발생하고, 감각과 상상력과 **오성**이 변질된다.

계명을 갖지 않고 정신과 결속되지 않아서 모든 사람이 인식의 열매를 따먹고 **선악이 무엇인지 스스로 알게 된**[56] 그러한 정열에 의해 우롱당할 수 있었던 민족보다 이 믿음이 줄어든 민족은 없다.

노령의 루터는 말한다. "오성을 파악하지 못하는 말[馬]과 부양받는 식구같이 되어서는 안 된다. 이들은 감각적인 동물과 같이 느낌에 따른다. 이들이 느끼거나 [느낌을] 테스트하지 않으면 더 이상 [느낌에] 따르지 않는다. 말과 식구

---

56) 창세기 3장 5절, 22절.

는 비감각적인 사물을 파악하도록 창조되지 않았다. 그렇기 때문에 이들은 비감각적인 사물에 의해 사랑이나 고통에 이르지 않는다. 그러므로 자신이 측정하거나 파악할 수 있는 것 이상으로 행동하고 다른 사람으로 하여금 행동하게 하고 또 당해 보려고 하지 않는 인간은 신의 오성을 갖출 수 없다. 이 인간은 말[馬]이 감각과 더불어 있는 것처럼 이성과 더불어 있다. **이성과 감각 양자는 감각적인 것을 넘어갈 수 없다.**"

헤르더는 이 말에 덧붙인다. "칭송할 만한 이성 명령이 있다. 모든 바보는 순간마다 이 이성 명령으로부터 그가 원하는 것을 자유롭게 할 수 있으며 **죄인으로서 자기 해면의 습기를 자유롭게 따를 수 있다.** 용맹스런 이기적 의도는 무엇을 향해 가는가."[57]

당신의 아이들을 보라. 아니면 당신 친구의 아이들을 보라. 이 아이들은 아버지의 뜻을 파악하지 않고 외양에 복종한다. 만약 아이들이 순종하지 않는다면 아버지의 뜻을 결코 내면화하지 못하며 아버지 자체를 올바로 인식하지 못한다. 아이들이 순종할 때, 아버지의 뜻과 그 내면의 삶이 아이에게 넘어가면서 아이들의 오성이 깨어나고 마침내 아버

---

57) 헤르더(Herder), ≪가장 오래된 기록(Älteste Urkunde)≫, 2. Band, 26f.

지를 인식한다. **삶 자체로부터 생동적인 인식이 자라나기 전에는** 어떤 교육 기술과 가르침도 아이들을 아버지를 인식하는 데로 이끌 수 없다. 인간에게서 오성의 등장은 전반적으로 나중에 이루어질 뿐이다. 교육은 가르침을 준비하고 복종은 인식을 준비해야 한다.

계명이 포괄적이고 깊이 관여하고 고상할수록, 그것은 인간의 깊은 본성과 본성의 개선에 더 많이 관계하며 오성과 의지, 덕과 인식에 더 많이 관계한다. 계명을 따르기에 앞서 인간이 계명의 내적인 선함을 더 적게 고찰할수록 인간 이성은 이 계명을 인정할 능력이 줄어들며 계명은 외견과 믿음을 더 많이 요구하게 된다.

주님의 계명이 지혜를 준다.
주님의 입이 인식과 이해를 준다.
인간은 은과 금을 찾아낸다.
땅에서 광석을 캐며 밤을 밝힌다.
그러나 어디서 지혜를 발견하는가?
오성의 자리는 어디인가?
산 자의 땅에는 지혜가 없다.
심연은 지혜가 자기 안에 없다고 말한다.
바다는 다시 소리 지른다. 지혜가 자기 안에 없다고.

그렇다면 지혜는 어디서 오는가?

오성은 어디에 거하는가?

산 자의 눈을 기만하고

하늘의 새들을 감추어라!

지옥과 죽음이 대답한다.

우리는 멀리서 소문을 들었다.

신은 지혜에게 길을 가르쳐 주고 지혜가 어디 사는지 안다.

그는 땅의 끝을 바라본다.

그리고 하늘 아래에 있는 것을 본다.

그가 바람을 일으켰을 때

그가 바다의 깊이를 쟀을 때

내리는 비에 법칙을 부여하고

천둥과 번개가 칠 자리를 일러 주었을 때

그는 지혜를 보았으며 지혜를 헤아렸다.

그리고 지혜를 깊이 탐구했으며 이를 규정했다.

그리고 인간에게 말했다.

너에게 지혜는 주님에 대한 공포다.

악을 피하라.

그것이 오성이다.

그에 대한 공포가 지혜이며 그의 계명에서 빛과 삶이 나오는 주님은 도대체 누구인가?

그는 최초의 존재이며 최고의 존재인가? 우리는 그를 향해 맹목적으로 더듬어 갈 수 있을 뿐인가?

네 눈이 멀었다면 맹목적으로 가라! 그런데 정말 네 눈이 멀었는가? 무엇이 네게서 빛을 앗아 갔는가? 무엇이 네 아버지의 가르침을 네 오만과 바꾸게 했는가? 보이지 않는 것을 보기 위함이었던가? 아니면 너를 보이지 않는 것에서 떼어 놓기 위함이었던가? 네 마음에 드는 것이 진리인가 거짓인가? 정신과 영이 네 길을 가르쳐 주었는가? 아니면 네 육체와 의지가, 아니면 사악한 욕망이?

(…)

눈에 보이지 않는 존재에 봉사하려고 하는가. 이것은 **명예**다!

명예를 신봉하는 사람은 **알려지지 않은 신**의 재단에 맹세한다. 그는 내면을 직시하는 존재에게 복종할 것을 약속한다. 왜냐하면 우리가 비치는 그 존재가 바로 우리라는 것은 명예의 봉사이기 때문이다. 임의로 비밀스럽게 어기는 그 어떤 법도 없다. 요컨대 범할 수 없는 말이 있다. 그것은 **진리**다!

(…)

113

인간의 자유

제1부 인간에게는 자유가 없다

1. 우리에게 알려져 있는 모든 개별 존재들의 현존 가능성은 이들이 다른 개별 존재들과 함께 현존한다는 사실에 근거하며 이 사실에 관계한다. 그러므로 우리는 홀로 독자적으로 존립하는 유한한 존재[와 그 본질]에 대해 표상할 수 없다.

2. 공실존(共實存, Koexistenz)에 대한 실존의 다양한 관계맺음의 결과는 생동적인 자연 본성 가운데 지각적으로 잘 표현되어 있다.

3. 생동적인 자연 본성이 그 지각(Empfindung)의 척도에 따라 내적으로 기계적으로 취하는 태도는 욕망과 혐오로 부른다. 다르게 표현한다면, 현존하고 존립하는 생동적 자연 본성의 내적 조건이 이 현존의 외적 조건에 대해 맺는 관계의 지각, 또는 오로지 내적 조건들 간 관계에 대한 지각은 우리가 욕구나 혐오로 부르는 운동과 기계적으로 결합해 있다.

4. 생동적인 자연 본성의 다양한 모든 욕구의 토대를 이루는 것은 욕구의 근원적, 자연적 충동으로 부른다. 또 이 충동은 이 존재의 본질 자체를 형성한다. 충동이 수행하는

일은 – 충동 자신이기도 한 – 특수한 자연 본성으로 현존하는 능력을 보존하고 확장하는 것이다.

5. 이 근원적인 자연적 충동을 **선천적**[무조건적, 보편적] 욕구로 부를 수 있다. 많은 개별 욕구들은 이 불변적, 보편적 욕구를 그때마다 적용하고 변형한 것이다.

6. 모든 이가 동일한 방식으로 자신의 현존을 보존하려고 애쓰는 한에서 유와 종과 성별의 차이 없이 모든 개별 존재에게 해당하는 욕구를 단연코 **선천적** 욕구로 부를 수 있다.

7. 전적으로 무규정적인 능력은 비존재이자 난센스다. 그러나 모든 규정은 이미 규정되어 있는 그 무엇을 전제하며, 따라서 이것은 법칙의 결과이며 충족이다. 제일 유의 욕구든 제이 유의 욕구든 유의 **선천적** 욕구는 또한 **선천적** 법칙을 전제한다.

8. 이성적 존재의 근본 충동은 여타 모든 존재의 충동이 – 이 존재를 충동으로 있게 하는 – 특수한 본성으로 현존하는 능력을 보존하고 확대하려고 부단히 노력하는 것과 같은 모습으로 존립한다.

9. 이성적 본성의 현존은 다른 모든 본성과 달리 인격적 현존이라 부른다. 인격적 현존은 그 정체성의 특수한 본질을 갖는 의식 가운데 존립하며, 따라서 인격적 현존은 의식

일반의 고차적인 정도 내지 강도의 결과다.

10. 그러므로 이성적 존재의 자연적 충동 또는 이성적 욕구는 필연적으로 인격성의 정도와 강도를 고양하려고 한다. 이것은 생동적인 현존 자체의 모습이다.

11. 이성적 욕구 일반 또는 이성적 존재의 충동 그 자체는 의지로 부른다.

12. 모든 유한한 존재의 현존은 연속적 현존이다. 그의 인격성은 기억과 반성에 기인한다. 그러나 그의 제한적이지만 명확한 인식은 개념에 기인하며 결과적으로 추상에 기인하고, 말과 글의 기호 내지 또 다른 기호에 기인한다.

13. 의지의 법칙은 일치와 연관의 개념에 입각해 원칙에 따라 행동하는 것이다. 의지는 실천적 원리의 능력이다.

14. 이성적 존재는 그의 원칙에 일치하지 않는 행동을 할수록 그의 의지에 따라 행동하거나 이성적 욕구에 부합하게 행동하는 것이 아니라 비이성적 욕구에 부합하게 행동한다.

15. 모든 비이성적 욕구가 충족될 때 이성적 현존의 정체성은 파괴된다. 그 결과 오로지 이성적 현존에 토대를 두고 있는 인격성은 손상되며, 따라서 생동적 현존의 분량은 그만큼 감소한다.

16. 인격을 산출하는 생동적 현존의 강도는 생동적 현존 일반의 방식에 지나지 않을 뿐이며, 그 자체가 독자적이고

특수한 현존이나 존재가 아니다. 그러므로 인격은 그 원칙에 입각해 나타나는 행위만이 아니라 비이성적 욕구와 맹목적 경향성의 영향으로 나타나는 행위로도 산정된다.

17. 비이성적 욕구에 현혹된 사람이 자신의 원칙을 어기고 난 다음 자기 행위의 잘못된 결과를 지각하면서 일반적으로 내뱉는 말은 다음과 같다. '[모든 일이] 내게 정당하게 일어났다.' 그는 자기 존재의 동일성을 의식하기 때문에, 자기 자신을 자기 모습이 나타나 있는 불쾌한 상태의 원인으로 직관해야 하며 [이로써] 내면에서 고통스런 분열을 경험해야 한다.

18. 실천이성의 전체 체계는 그것이 오로지 하나의 근본 충동 위에 세워지는 한에서 바로 이러한 경험에 근거하고 있다.

19. 인간이 오로지 욕구만 갖는다면, 그는 법과 불법의 개념을 전혀 가질 수 없을 것이다. 그러나 인간은 모든 욕구를 동일한 척도로 충족할 수 없는 대신 오로지 하나의 만족 가능성을 갖는 수많은 욕구를 가지며, 다른 사람의 만족 가능성을 끝없이 없앤다. 만약 이 상이한 욕구들이 유일하고 근원적인 욕구의 변형에 지나지 않는다면, 이 근원적인 욕구는 상이한 욕구들이 서로 부딪치지 않게 할 뿐 아니라 인격적 주체가 스스로 모순이나 자기적대감에 빠지지 않고 만

족할 수 있는 원칙을 제공한다.

20. 이와 같은 내적인 법은 인간 의식의 동일성에 힘입어 모든 사람 가운데 기계적인 방식으로 불완전하게 형성된다. 시민연맹에 가담한 인간이 서로 자유롭게 약속하며 아무런 강제 없이 확정하는 외적인 법은 개별 하부 항목에서 성취되는 내적인 법의 모사에 지나지 않는다. 우리가 소상히 알고 있는 모든 민족의 역사가 그 증거다.

21. 정황에 따라서 내적인 법이 도달하는 더 완전함은 덜 완전함이 만들어 낸 기계론의 확장과 완성에 지나지 않는다. 모든 원칙은 욕구와 경험에 기인한다. 그리고 이 원칙은 그것이 실제로 준수되는 한, 다른 곳에 원인을 두고 있는 규정적 활동성을 전제한다. 이 원칙은 결코 행동의 출발이나 그 최초의 원인일 수 없다. 작용하는 원칙을 형성하거나 이를 실제로 받아들이는 것은 표상을 수용하는 능력과 같으며, 이 표상을 개념으로 변경하는 능력과 흡사하다. 이것은 사상의 신바람 나는 활동성 및 그 에너지와 같으며, 이성적 현존의 등급과 흡사하다.

22. 원칙(Grundsätze) 일반의 원리[또는 출발(a priori)]는 이성적 존재의 근원적 욕구이며 그만의 고유하고 특수한 현존이다. 이것은 **자신의 인격**을 보존하며, 이 인격의 동일성을 손상시키려 하는 것을 자신에게 굴복시킨다.

23. 바로 이러한 충동으로부터 자연적인 사랑과 타자에 대한 정의가 유래한다. 이성적 존재는 (추상적으로) 다른 이성적 존재와 구별될 수 없다. 나와 인간은 하나다. 그와 인간은 하나다. 그러므로 그와 나는 하나다. 따라서 사람(Person)의 사랑은 개인의 사랑을 제약한다. 그래서 사람의 사랑은 개인의 사랑을 고려할 필요가 없다. 그렇다고 해서 이것이 이론적으로 개인을 말살할 가능성으로까지 확대되지는 않는다. 그리고 사람 가운데 단순한 **무**가 남는 것도 아니다. 이 두 문제는 앞서 시사한 바 있으며 이에 대한 논의는 우리 목적에 속하지 않는 것이지만 더 상세한 규정을 요구한다. 우리에게는 이러한 도정에서 실천이성의 명증한 법칙으로 부르는 도덕법칙이 등장하는 연유에 대한 명백한 통찰에 이른 것으로 충분하다. 그리고 비록 자유의 가상이 종종 개인과 사람 사이의 대립적인 이해를 통해 나타나고 오로지 명백한 의식과 결합한 요구의 대상이 되는 지배의 행운이 사람들에게 교대해서 나타난다 하더라도 이성과 결합한 단순한 근본 충동은 그 최고 전개에 이르기까지 순수한 기계론을 보여 줄 뿐이며 자유를 드러내지는 않는다는 사실에 대한 통찰을 갖게 된 것으로 충분하다.

제2부 인간에게는 자유가 있다

24. 모든 유한한 존재의 현존이 공(共)현존에 의지하고 있으며 우리가 절대 독자적으로 존립하는 존재를 표상하는 것이 불가능하다는 사실은 부정할 수 없다. 그런데 우리가 절대 의존적 존재를 표상할 능력이 [위 경우보다] 더욱 부족하다는 사실도 똑같이 부정할 수 없다. 이러한 존재는 전적으로 수동적이어야 하지만 수동적일 수 없다. 왜냐하면 이미 어떤 것이 아닌 것은 단순히 규정된 것일 수 없기 때문이며, 그 자체로 성질을 갖지 않는 것에서는 관계를 통해 그 어떤 것도 산출할 수 없으며 그 성질의 의도에서 그 어떤 관계도 불가능하기 때문이다.

25. 전적으로 매개된 현존이나 존재를 생각할 수 없으며 이것이 비존재나 난센스라면, 단순히 매개된 **행위**, 전적으로 기계적인 행위도 마찬가지로 비존재다. 그러므로 기계론 자체는 우연한 것에 지나지 않으며, 그것의 근간에 **순수한** 자기 활동성이 필연적으로 전반적으로 존재해야 한다.

26. 우리는 모든 유한한 존재가 그 현존에서 그리고 결국 그 행위와 [다른 행위의] 수용에서 다른 유한한 존재에 필연적으로 의존하며 그와 관계한다는 사실을 인식함으로써 동

시에 모든 존재와 각 개별 존재가 기계적 법칙에 복종한다는 것을 인식한다. 왜냐하면 이런 한에서 위에서 설명한 존재의 있음과 작용은 매개되어 있으며, 이런 한에서 이 존재는 전적으로 기계론의 법칙에 기인해야 하기 때문이다.

27. 존재[또는 사물]의 현존을 매개하고 있는 것에 대한 인식은 명백한 인식으로 부른다. 우리는 아무런 매개도 허용하지 않는 것을 명백하게 인식할 수 없다.

28. 절대적 자기 활동성은 그 어떤 매개도 허용하지 않는다. 우리는 절대적 자기 활동성의 내면을 그 어떤 방식으로도 명백하게 인식할 수 없다.

29. 그러므로 절대적 자기 활동성의 가능성은 인식할 수 없다. 그렇지만 자신을 직접적으로 의식 가운데 나타내며 행위를 통해 자신을 입증하는 절대적 자기 활동성의 현실성은 인식할 수 있다.

30. 이 현실성은, 개별 존재의 감각적 현존을 형성하는 기계론에 맞서 자신을 정립하고 기계론을 능가할 수 있는 한 자유로 부른다.

31. 우리는 생명체들 가운데 인간만을 아는데, 그의 타고난 재능은 자유로운 행위를 향한 소명과 충동을 지니는 자기 활동성이라는 의식 등급이다.

32. 자유는 아무런 근거도 없이 결정을 내리는 불합리한

능력이 아니다. 마찬가지로 유용한 것이나 이성적 욕구들 가운데 더 좋은 것을 선택하는 활동도 아니다. 왜냐하면 이러한 선택은 그것이 아주 추상적인 개념에 의거해 이루어진다 하더라도 늘 기계적으로 일어나기 때문이다. 자유는 본질적으로 **욕구**에 의존하지 않는 **의지**의 독자성이다.

33. 의지는 우리가 이성으로 부르는 의식의 등급으로 고양된 순수한 자기 활동성이다.

34. 의지의 독자성과 내적인 전능 또는 감각적 본질에 대한 지성적 본질의 가능한 지배는 실제로(de facto) 모든 인간에게 주어져 있다.

35. 자유가 욕구의 사실과 **명예**의 사실 간에 아무런 비교도 허용하지 않았다는 것은 고대 지혜자와 대부분의 스토아 철학자들에게 알려져 있다. 이들에 따르면 욕구의 대상은 편안함의 느낌과 유익함의 개념에 따라 서로 비교되며 한 욕구가 다른 욕구에 희생된다. 그러나 욕구의 **원리**는 오로지 하나의 대상만을 갖는 명예의 원리와 아무런 관계도 없다. 이 하나의 대상은 인간 본성 자체의 완전성, 자기 활동성, **자유**다. 그러므로 욕구와 명예에서 일어난 모든 소멸은 동일하다. 다만 실제로 서로 충돌할 수 없었던 비교 불가능한 이 두 원리 가운데 어떤 원리에서 행동이 일어났는가 하는 물음이 남는다. 그들이 정당하게 자유인으로 부를 줄 알

았던 사람은 오로지 자기 영혼의 삶을 살고 자기 고유의 법칙에 따라 스스로를 규정하고 따라서 오로지 자신에게만 복종하고 항상 스스로 행동했던 사람이다. 이와 반대로 욕구의 사물에 의해 결정되어 이 사물의 법칙에 따라 살았고 이것에 복종했으며 이로써 이 법칙에 의해 욕구에 걸맞은 방식으로 끊임없이 변화하고 행동하게 되기를 원하는 사람들 가운데서 그들은 진짜 노예를 보았다.

36. 우리의 계몽된 시대가 에픽테토스와 마르쿠스 아우렐리우스의 열광주의와 신비주의보다 고상할 수 있다 하더라도, 우리는 아직도 모든 명예의 감정에서 분명하고 철저하게 놓여나지 못했다. 인간 가운데 이러한 감정의 불꽃이 남아 있는 한 그 속에는 확실한 자유의 증거가 있으며 의지의 내면적 전능에 대한 억제할 수 없는 믿음이 있다. 이 믿음을 입으로 부정할 수 있지만 그것은 양심에 남아 있으며 언젠가 한번은 부지불식간에 나타난다. 이것은 시인 마호메트가 회심한 후 놀란 나머지 "양심의 가책을 따라서(il est donc des remords!)"라는 무서운 말을 내뱉은 것과 같다.[58]

37. 이 믿음은 입을 통해 전혀 부정될 수 없다. 이유는 간단하다. 수치스런 행동으로 이끄는 모든 유혹에 항상 맞설

---

58) (편집자 주) 볼테르(Voltaire), <마호메트(Mahomet)>, Bruxells, 1742.

수 없다는 이름을 누가 가지려 하겠는가? 누가 여기서 이해 득실만을 생각하며 그 정도나 총량만을 따지겠는가? 우리는 다른 사람을 목표로 해서도 똑같은 방식으로 판단한다. 이용 가치보다 편안함을 선호하고 목적을 위해 잘못된 수단을 선택하고 자신의 바람과 노력에 모순되는 사람을 본다면 우리는 그가 비이성적으로 바보같이 행동한다고 생각한다. 만약 그가 의무 이행에 태만하고 온갖 패륜으로 점철되어 있다면 그는 부당하며 폭력을 행사하는 것이다. 이렇게 되면 우리는 그를 증오하고 혐오할 수 있지만 그럼에도 그를 아직 전적으로 포기할 수 없다. 그러나 그가 어떤 결정적인 방식으로 명예의 감정을 부정한다면 그는 내적인 수치를 지니고 있거나 더 이상 자기멸시를 느끼지 못한다는 것을 보여 주므로, 우리는 그를 인정사정없이 내치게 된다. 그는 우리 발에 밟히는 오물인 것이다.

38. 이러한 무조건적 판단은 어디서 나오는가? 한 번도 단순히 행위에 제약되지 않으며 감정을 요구하고 감정의 현존을 명백하게 요구하는 이런 부당한 월권과 요구는 어디서 유래하는가?

39. 이런 월권과 요구의 권리가 하나의 정식에, 가령 올바른 결합의 통찰에 근거해야 하며, 후속 명제의 결과가 갖는 확실한 진리에 바탕을 두어야 하는가? 만약 A가 B와 같

고 C가 A와 같다면 B는 C와 같은가? 스피노자는 이와 같은 방식으로 증명했다. 인간이 이성적 존재인 한에서 그가 거짓말을 통해 죽음에서 구원되었다기보다, 영혼불멸을 믿지 않으면서도 자기 자신의 생명을 희생한다고 증명한 것이다.[59] 추상적으로는 스피노자가 옳다. 순수이성의 인간이 거짓을 말하고 기만하는 것은 삼각형의 세 각의 합이 두 직각의 합과 같지 않은 것처럼 불가능하다. 그러나 이성의 재능을 지닌 현실적 존재가 그 이성의 추상성으로 마치 말장난에서 나오는 단순한 생각(Gedankending)에 붙잡힐 수 있는 것처럼 곤경에 빠지는가? 결코 아니다! 명예를 신뢰한다면, 그리고 인간이 말을 지킬 수 있다면 단순한 삼단논법의 정신과는 다른 정신이 인간 가운데 있어야 한다.[60]

40. 나는 이 다른 정신을 지상의 존재자들 가운데 깃들어 있는 신의 숨결로 간주한다.

41. 이 정신의 현존은 무엇보다 오성 가운데서 입증된다. 이 정신이 결여된 오성은 실제로 놀라운 메커니즘에 지나지 않을 것이다. 즉, 눈먼 자로 하여금 보는 자를 인도하

---

59) 스피노자, ≪에티카≫, P. IV, Prop. LXXII.

60) 인간 자신과 모든 충동에서 분리된 인간의 이성은〔생각을 위한〕단순한 생각에 지나지 않는다. 이것은 작용도 반응도 할 수 없으며 생각도 행동도 할 수 없다.

게 하며 오성의 필연적 구비를 이성 추론을 통해 입증할 메커니즘에 불과할 것이다. 삼단논법의 전제들을 제출하면서 누가 삼단논법을 제어하는가? 그것은 자유의 행위 및 소멸할 수 없는 의식의 행위 가운데 현재하는 이 정신이다.

42. 이 의식을 어떻게 확신할 수 있는가. 오로지 지성(Intelligenz) 자체만 작용한다. 지성은 우리에게 진정으로 알려진 유일한 힘이다. 그러므로 이 의식은 직접적으로 최고 지성에 대한 믿음이며 자연의 지적 근원자에 대한 믿음이고 **일자(一者) 정신**인 신에 대한 믿음이다.

43. 인간의 심정 가운데 순수한 사랑의 능력이 전개된다면 이 믿음은 비로소 그 완전한 힘을 획득하며 종교가 된다.

44. 순수한 사랑? 이와 같은 사랑이 있는가? 이 사랑은 어떻게 증명되며, 그 대상은 어디에 있는가?

45. 사랑의 원리는 우리가 이미 명예의 원리로 확인한 것과 같다고 대답한다면, 사람들은 내가 설명해야 하는 대상을 염두에 두고서 기껏해야 이를 시급히 다루어야 한다고 생각할 뿐이다.

46. 나는 순수한 사랑의 대상은 소크라테스가 의도했던 것이라고 대답한다. 순수한 사랑의 대상은 인간 가운데 있는 신(theion)이다. 이 신적인 것에 대한 경외는 모든 덕과 모든 명예심의 토대를 이루는 것이다.

47. 나는 이러한 충동이나 충동의 대상을 구성할 수 없다. 이를 구성할 수 있기 위해서 나는 실체들이 어떻게 창조되는지, 그리고 필연적 존재가 어떻게 가능한지 알아야 할 것이다. 그렇지만 나는 실체들의 현존에 대한 내 확신을 연이어 부연 설명할 것이다.

48. 우주는 신이 아니라 피조물이다. 우주가 자유로운 지성의 작용이라면 모든 존재의 근원적 방향은 신적 의지의 표현이어야 한다. 피조물 가운데 나타나 있는 이러한 표현은 피조물의 근원 법칙이며, 이 가운데는 우주를 가득 채울 수 있는 힘이 반드시 주어져 있어야 한다. 존재 자체의 현존 조건이며 그 근원적 충동이자 **고유의 의지**인 이 법칙은, 관계들의 결과에 지나지 않으며 전적으로 매개에 기인하는 자연법칙과 비교될 수 없다. 그러나 개별 존재는 자연에 속하며 또한 자연법칙에 복종한다. 그러므로 개별 현존은 양 방향을 갖는다.

49. 유한자를 향하는 방향은 감각적 충동이나 욕구의 원리다. 영원자를 향하는 방향은 지성적 충동이며 순수 사랑의 원리다.

50. 이 이중의 방향 자체에 대해 나와 토론하려고 한다면, 즉 이러한 관계의 가능성과 이 관계를 설정한 이론에 대해 물으려 한다면, 나는 이러한 물음을 당연히 거부할 것이

다. 왜냐하면 이 방향은 창조의 가능성과 그 이론뿐만 아니
라 무제약자의 조건을 대상으로 삼기 때문이다. 만약 이 양
방향의 현존과 그 관계가 행위를 통해 입증되고 이성에 의
해 인식된다면 그것으로 충분하다. 모든 사람이 스스로 자
유를 가지고 있다고 생각하고 오로지 자유의 소유를 **자신의
명예**로 정립하는 것처럼, 마찬가지로 자신이 순수한 사랑
의 능력과─ 자유의 가능성이 기인하는─ 사랑의 능력이 넘
쳐흐르는 에너지의 감정을 소유하고 있다고 믿는다. 모든
사람은 덕 자체의 애호자가 되려고 하지만 덕과 결합한 장
점의 애호자가 되려고 하지는 않는다. 모든 사람은 단순한
쾌가 아닌 아름다움, 단순한 욕망이 아닌 기쁨의 쾌의 아름
다움에 대해 알려고 한다.

51. 실제로 이러한 능력에서 나오는 행위를 우리는 신적
행위로 부른다. 이 행위의 원천, 이러한 마음씨는 곧 신적인
마음씨다. 그리고 이러한 마음씨는 다른 기쁨과 비교할 수
없는 기쁨을 수반한다. 이것은 신이 자신의 현존에서 가지
고 있는 기쁨이다.

52. 기쁨은 현존재의 모든 만족이다. 이것은 현존재를
괴롭히는 모든 것, 고통과 슬픔을 일어나게 하는 모든 것과
같다. 이 기쁨의 근원은 생명의 근원이며 모든 활동성의 근
원이다. 그러나 기쁨의 정념이 오로지 덧없는 현존재에만

관계한다면 이 정념 자체는 덧없는 것이다. 이것은 곧 동물의 영혼이다. 정념의 대상이 소멸하지 않는 것과 영원한 것이라면 그것은 신성 자체의 힘이며, 그 전리품은 불멸성이다.

* * *

이런 상세한 논구 외에 나는 아주 중요한 문제들을 텍스트 말미의 주석에서 논의했다. 이 주석에서 몇 번 아주 짧게 서술하고 독자들에게 주의를 요구한 것이 좀 걱정스럽다. 그러나 책의 부분을 육체의 유기적 구조와 같이 고찰해야 한다는 것을 독자들이 잊지 않는다면 오해는 없을 것이다. 뽑힌 눈은 볼 수 없으며 잘린 손은 잡을 수 없다. 각각의 특수한 사지와 팔다리는 몸 전체와 연관되어 있을 때만 그 고유의 일을 수행한다.

(…)

멘델스존에게 쓴 내 첫 번째 편지에 대한 그의 회상은 이 2판에 속한다. 독자들은 이를 찾을 수 있을 것이다.

이 책의 제목이 된 편지들을 역사적으로 묶은 것에 대해 말하자면 나는 이것을 전적으로 외교적인 방식으로 만들었다. 1판에는 발췌한 것만 있었다면 여기에는 원본이 들어 있다. 더구나 내가 정당화하지 못한 새로운 원본 여러 개를 추가했는데 그것은 내가 이 사실에서 작성한 첫 번째 편지다. 독자들은 레싱이 쓴 편지도 몇 통 볼 수 있다. 내가 소재(素材)의 진실이라는 전적으로 단순한 방도를 택했으므로 더 이상의 주석을 달 필요가 없었으며, 그래서 앞으로 이러한 소재로 되돌아올 필요가 전혀 없는 아주 큰 장점을 만들었다.

그 밖의 수정은 독자의 평에 맡기려고 한다. 나는 주목할 만한 공격으로 시선을 끌게 된 것을 없애는 데에는 조심스럽게 접근했다. 이러한 공격은 온전한 힘과 나름의 가치를 갖는다. 삽입된 구절들을 빼냄으로써 결론 부분을 반으로 줄였다. [1판의] 이 구절들은 타당한 비판을 받았으며 내 잘못 때문에 오해받았다.

1789년 4월 18일
뒤셀도르프 펨펠포르트에서

옮긴이에 대해

최신한은 계명대학교 영어영문학과와 연세대학교 대학원 철학과를 졸업했으며, 독일 튀빙겐대학 철학부에서 철학 박사 학위를 받았다. 현재 한남대 철학과 교수이자 국제헤 겔연맹, 국제슐라이어마허학회 정회원이다. 한국해석학회 회장을 지냈으며 현재 한국헤겔학회 회장을 맡고 있다.

저서로는 ≪Vermitteltes und unmittelbares Selbst-bewußtsein≫(Peter Lang, 1991), ≪헤겔철학과 종교적 이 념≫(한들, 1997), ≪독백의 철학에서 대화의 철학으로≫ (문예출판사, 2001), ≪슐라이어마허－감동과 대화의 사상 가≫(살림출판사, 2003), ≪정신현상학－자기 내적 거리 유지의 오디세이아≫(살림출판사, 2007), ≪지평 확대의 철학≫(한길사, 2009)이 있으며, 번역서로는 슐라이어마허 의 ≪종교론≫(기독교서회, 2002), ≪해석학과 비평≫(철 학과현실사, 2000), ≪기독교신앙≫(한길사, 2006), 헤겔의 ≪종교철학≫(지식산업사, 1999), 셸링의 ≪인간적 자유의 본질 외≫(한길사, 2000), 큄멜의 ≪자연은 말하는가?≫(탑 출판사, 1995), 프랑크의 ≪현대의 조건≫(책세상, 2002),

크래머의 ≪해석학 비판≫(서광사, 2012) 등이 있다.

스피노자 학설

지은이 프리드리히 야코비
옮긴이 최신한
펴낸이 박영률

초판 1쇄 펴낸날 2014년 3월 19일

지식을만드는지식
121-869 서울시 마포구 연남동 571-17 청원빌딩 3층
전화 (02) 7474 001, 팩스 (02) 736 5047
출판등록 2007년 8월 17일 제313-2007-000166호
전자우편 zmanz@eeel.net
홈페이지 www.zmanz.kr

ZMANZ
3F. Chungwon Bldg. 571-17 Yeonnam-dong,
Mapo-gu, Seoul 121-869, Korea
phone 82 2 7474 001, fax 82 2 736 5047
e-mail zmanz@eeel.net
homepage www.zmanz.kr

ISBN 979-11-304-1207-8
책값은 뒤표지에 있습니다.

지식을만드는지식은
지구촌 시대의 고전과 한국 문학을 출판합니다

 도서목록 확인하고 5권 무료로 읽으세요

QR코드를 스마트폰으로 스캔하면 지만지 책 1800여 종과 바로 만날 수 있습니다. 홈사이트 컴북스닷컴(commbooks.com/지만지-도서목록/)으로 접속해도 됩니다. 도서목록을 보고 회원가입을 하면 책 5권(번)을 열람할 수 있는 컴북스캐시를 충전해 드립니다. 캐시를 받으려면 카카오톡에서 아이디 '컴북스'를 친구로 등록한 뒤 회원가입 아이디를 카톡으로 알려주십시오.

지만지고전선집
전 세계에서 100년 이상 읽혀 온 고전 가운데 앞으로 100년 동안 읽혀 갈 고전 중의 고전

인문
교육학 ≪루소 교육 소저작≫ 외
인류학 ≪여정의 두루마리≫ 외
동양철학 ≪귀곡자≫ 외
서양철학 ≪어느 물질론자의 마음 이야기≫ 외
지리학 ≪식물지리학 시론 및 열대지역의 자연도≫ 외

역사/풍속 ≪속일본기≫ 외
종교 ≪동경대전≫ 외
미학 ≪미학 강의(베를린 1820/21년)≫ 외

사회
경제학 ≪정치경제학의 민족적 체계≫ 외
사회학 ≪증여론 천줄읽기≫ 외
미디어학 ≪제국과 커뮤니케이션 천줄읽기≫ 외
정치학 ≪관료제≫ 외

군사학 ≪군사학 논고 천줄읽기≫ 외
언어학 ≪일반언어학 강의≫ 외

자연과학
물리학 ≪상대성 이론≫ 외
생물학 ≪진화와 의학≫ 외
의학 ≪치과 의사≫ 외

수학 ≪확률에 대한 철학적 시론≫ 외
천문학 ≪코페르니쿠스 혁명≫ 외
과학사 ≪그리스 과학 사상사≫ 외

문학

한국 ≪포의교집≫ 외	중국 ≪서상기≫ 외
일본 ≪바다에서 사는 사람들≫ 외	아시아 ≪물고기 뼈≫ 외
고대 그리스 ≪히폴리투스≫ 외	영국/미국 ≪빨래≫ 외
독일 ≪길쌈쟁이들≫ 외	프랑스 ≪홍당무≫ 외
스페인 ≪위대한 술탄 왕비≫ 외	러시아 ≪유리 나기빈 단편집≫ 외
유럽 ≪로칸디에라≫ 외	아프리카 ≪아딜리와 형들≫ 외
중남미 ≪네루다 시선≫ 외	퀘벡 ≪매달린 집≫ 외

예술

미술 ≪예술에 관한 판타지≫ 외	연극 ≪풍자화전≫ 외

한국문학선집

한국문학의 어제와 오늘을 총정리하는 사상 초유의 기획

초판본 한국소설문학선집
한국 근현대문학 120년, 대표 작가 120명의 작품집 101권

초판본 한국시문학선집
한국 근현대문학 120년, 작고 시인 101명의 작품집 99권

한국동화문학선집
한국 아동문학사에 기록될 동화작가 120명의 작품집 100권

한국동시문학선집
한국 동시의 역사이자 좌표, 동시작가 111명의 작품집 100권

한국희곡선집
문학성과 공연성이 입증된 한국 대표 희곡 100권

한국 대표 시인의 육필시집
한국 시단을 주도하는 시인들이 직접 쓴 시집 80권

한국문학평론선집
한국 대표 문학평론가 50인의 평론집 50권

한국수필문학선집
한국 대표 수필가 50인의 수필집 50권

단행본

≪고려 후기 한문학과 지식인≫ 외